Papa León XIV

Corazón inquieto, pastor fiel

SOR. GEMMA MORATÓ SENDRA, OP

Un ministerio de los Redentoristas

Imprimi Potest: Kevin Zubel, CSsR, Provincial
Provincia de Denver, Redentoristas

Publicado por Liguori Publications
Liguori, Missouri 63057

Liguori Publications, una corporación sin fines de lucro, es un apostolado de los Redentoristas (Redemptorists.com). Agradecemos la colaboración de St. Katherine Press para la publicación de esta obra.

Para realizar un pedido, visita Liguori.org o llama al 800-325-9521.

Copyright © 2025 Liguori Publications

ISBN: 978-0-7648-2901-7
E-ISBN: 978-0-7648-7281-5

Se ha solicitado la catalogación de los datos de publicación en la Biblioteca del Congreso.

Todos los derechos reservados. Ninguna parte de esta publicación puede ser reproducida, almacenada en un sistema de recuperación o transmitida en ninguna forma ni por ningún medio —electrónico, mecánico, fotocopia, grabación o cualquier otro— excepto breves citas en reseñas impresas, sin el permiso previo por escrito de Liguori Publications.

Los textos bíblicos de esta obra están tomados de *The New American Bible, Revised Edition* © 2010, 1991, 1986, 1970 Confraternity of Christian Doctrine, Washington, D.C., y se utilizan con el permiso del propietario de los derechos de autor. Todos los derechos reservados. Ninguna parte de *The New American Bible* puede ser reproducida en ninguna forma sin el permiso por escrito del propietario de los derechos de autor.

Impreso en los Estados Unidos de América
29 28 27 26 25 / 5 4 3 2 1
Primera edición

Diseño de la portada: Wendy Barnes
Imagen de la portada del papa León XIV: Stefano Speziani.

ÍNDICE

Introducción: Una nueva era para la Iglesia y para la historia   9

¿Cómo podemos ser más fieles al Evangelio?......................12

Primera bendición *Urbi et Orbi* del papa León XIV 13

Capítulo 1: El corazón inquieto (de un agustino) que busca a Dios   17

Contemplación y misión 18

La inquietud como punto de partida...................................20

La comunidad como morada de Dios..................................21

Enviado en misión...23

Liderar con el corazón de un fraile......................................25

Roma y el discernimiento episcopal....................................25

Un hijo de san Agustín...27

Capítulo 2: ¡La paz sea con vosotros!   29

Sembrando semillas de paz duradera..................................30

En el espíritu de *Fratelli Tutti*...32

Una paz desarmada y desarmante..35

Capítulo 3: Dios nos ama sin condiciones   39

Dios nos amó primero, para que nosotros le amáramos ..40

Venid y ved—Conozcamos a Jesucristo.............................41

El Señor mismo viene a nuestro encuentro 42

El sufrimiento puede conducir a la revelación 45

Soñar juntos 46

Capítulo 4: El mal no prevalecerá — 49

Una declaración profética 50
Valentía cristiana.. 51
No estamos solos 53
En sus manos 54
Sostenidos por un amor fiel 56

Capítulo 5: Jesús, el Buen Pastor — 59

Un estilo pastoral 60
Jesús nunca abandona a su rebaño 62
El Buen Pastor da su vida por las ovejas 63

Capítulo 6: Ser misioneros — 67

El Evangelio se anuncia con valentía................................. 68
Justicia social y derechos humanos 72
Atención a las periferias 73
Sin miedo 75
Siempre misioneros 77

Capítulo 7: Una Iglesia sinodal — 81

Comunión, escucha y conversión 82
Liderazgo episcopal.. 84
¿La polarización, un signo de heridas más profundas?...... 85

Capítulo 8: Una Iglesia unida — 89

Un hermano entre hermanos 90
Vivir en comunión 92

Capítulo 9: Una Iglesia que tiende puentes	**95**
Entre lo humano y lo divino	96
Reconocerse como hermanos y hermanas	97
Sanar, compartir, crecer, iluminarse	99
La Iglesia llamada a ser hogar	101
Capítulo 10: María camina con nosotros	**103**
Confianza filial	104
María inspira el discipulado	105
María y la sinodalidad	106
El Papa se encomienda a María	107
Conclusión: un pontificado con raíces y futuro	**109**

Sobre la autora

Sor Gemma Morató Sendra, OP, es hermana dominica de la Caridad de la Presentación de la Santísima Virgen. Nació en Reus, Tarragona, España, en 1972. Es doctora en Humanidades por la Universidad Internacional de Cataluña (UIC); licenciada en Teología Moral por la Facultad de Teología de Cataluña (FTC); y tiene una especialización avanzada en Teología de la Vida Religiosa por el Instituto Teológico de la Vida Religiosa (ITVR) y la Universidad Pontificia de Salamanca (UPSA). También es licenciada en Periodismo por la Universidad Pompeu Fabra (UPF) y en Educación Especial por la Universidad Blanquerna-Ramon Llull (URL).

Desde 1999 es profesora en la Facultad de Comunicación y Relaciones Internacionales de la Universidad Blanquerna-Ramon Llull (URL) y, desde 1998, profesora titular en el Instituto Superior de Ciencias Religiosas Don Bosco (ISCR Don Bosco), adscrito a la Universidad Pontificia Salesiana (UPS) de Roma. También imparte clases en Domuni Universitas, universidad internacional online de la Orden Dominicana, y en el Instituto de Investigación y Estudios Religiosos de Lleida (IREL).

Es miembro del Observatorio Blanquerna de Comunicación, Religión y Cultura y dirige el Proyecto María, Reina de la Paz, residencia universitaria y centro de encuentro, ambos en Barcelona. También es responsable web de su congregación, presente en treinta y ocho países de todo el mundo.

Columnista en diversas publicaciones religiosas, entre ellas *Vida Religiosa*, *Vida Nueva*, *Foc Nou* y *Religión Digital*, ha publicado varios libros, especialmente sobre la vida religiosa y la comunicación.

Annuntio vobis gaudium magnum;
habemus Papam:
Eminentissimum ac Reverendissimum
Dominum
Robertum Franciscum
Sanctae Romanae Ecclesiae
Cardinalem Prevost
qui sibi nomen imposuit Leo XIV.

Os anuncio una gran alegría;
tenemos Papa:
Su Eminencia Reverendísima el Señor
Robert Francis, cardenal Prevost
de la Santa Iglesia Romana,
que ha tomado el nombre de León XIV.

Introducción

Una nueva era para la Iglesia y para la historia

Hay personas cuya presencia no impone, sino que transforma. Estas personas no buscan ser el centro de atención, pero «iluminan», como dijo una vez Santo Tomás de Aquino. No alzan la voz, pero dejan una huella imborrable. Caminan silenciosamente entre bastidores, sin deseo de protagonismo, pero a menudo son el alma que está detrás de las decisiones clave: el susurro que orienta, el oyente que sostiene.

Así ha sido el camino de Robert Francis Prevost durante décadas: fraile agustino, misionero en tierras lejanas, obispo entre los pobres, prefecto encargado de discernir y nombrar pastores en todo el mundo, y ahora sucesor de Pedro con el nombre de León XIV. Pero, sobre todo, ha sido un buscador: un incansable buscador de la verdad en el espíritu de san Agustín, su maestro espiritual. Al igual que san Agustín, obispo de Hipona, Prevost ha entendido la vida cristiana como un viaje interior de búsqueda constante, sostenido por la fe y alimentado por la oración, el estudio y la comunidad.

Su vocación no nació de la estrategia ni del cálculo, sino de esa inquietud del corazón a la que Agustín dio una expresión inmortal: «Tú nos has hecho para ti, Señor, y nuestro corazón está inquieto hasta que descansa en ti». Para san Agustín y para Prevost, la verdad no es un concepto abstracto o una construcción intelectual, sino una persona viva: Jesucristo.

Siguiendo el espíritu agustiniano, Prevost nunca sintió la necesidad de defender la verdad, sino de proclamarla con su vida y dejar que ella hablara por sí misma. Como dijo san Agustín en su famosa frase: «La verdad es como un león. No hay que defenderla. Déjala libre. Ella se defenderá sola». Esta confianza radical en el poder del Evangelio ha moldeado el estilo de Prevost: humilde pero firme, tranquilo pero valiente.

Robert Francis Prevost, ahora papa León XIV, es un hombre que evita las fórmulas rígidas y las certezas fáciles. Es un pastor que camina con los que buscan, sin temor a sus preguntas y paciente en el acompañamiento. Porque sabe, con Agustín, que solo quien ha buscado sinceramente puede ayudar a otros a encontrar. Y que la verdad, una vez encontrada, libera, transforma y envía.

La vida de León XIV no ha sido un ascenso eclesiástico hasta la cima, sino un camino pastoral marcado por el servicio, la empatía y la fidelidad silenciosa. Nunca buscó destacar, pero fue elegido para uno de los papeles más exigentes de la tierra. Y lo aceptó con la sencillez de quien no persigue el cargo, sino que responde a una llamada. Para él, como para muchos antes que él, el servicio no es ambición, sino —a la manera de Jesús— una forma de amor.

Introducción

Desde muy joven, Robert Prevost respondió generosamente a la llamada de Dios a vivir en fraternidad, abrazando la vida comunitaria como fraile agustino. Tenía la profunda intuición de que a Dios se le busca y se le encuentra mejor en comunidad, como enseña la espiritualidad agustina. Comprendió que la vida cristiana no se puede vivir en aislamiento, sino que se vive compartiendo el pan, la fe, las preguntas y los sueños con otros buscadores de Dios.

El carisma agustino no es un ideal romántico, es una forma concreta de seguir a Cristo viviendo en unidad, «con un solo corazón y una sola alma dirigidos hacia Dios», como expresa *La Regla de San Agustín*. Esta elección, hecha en la juventud y mantenida a lo largo de los años, formó el corazón pastoral de León XIV y ha demostrado ser el fundamento de su estilo como papa: humilde, fraternal, comprometido con el diálogo y siempre abierto a caminar con los demás.

Desde el momento en que pisó el balcón central de la basílica de San Pedro tras el ansiado «*habemus Papam*», supimos que el nuevo papa tenía mucho que decir. Y no habló con pompa ni proclamas solemnes, sino con gestos humildes que decían más que cualquier discurso. Su silencio reverente, su mirada serena, su emoción contenida y sus gestos delicados —y ese trago de saliva para contener las lágrimas— lo decían todo. León XIV no solo estaba comenzando un nuevo pontificado, sino que estaba iniciando un nuevo capítulo en la Iglesia y en la historia.

En esos primeros momentos, las características del estilo del Papa ya eran evidentes: humildad sin artificios, cercanía sin condescendencia, servicio sin condiciones.

Un pontificado arraigado en la lógica del Evangelio, no en el poder; de la fraternidad, no del privilegio, todo ello en el marco de un año simbólico: el Jubileo de la Esperanza.

Comenzó una nueva era para la Iglesia. Y comenzó con la actitud de quien sabe que el verdadero cambio no comienza con grandes gestos, sino con un corazón abierto al Espíritu, tal y como se comportó el cardenal Robert Francis Prevost en el cónclave.

Pocos imaginaban a Prevost en el balcón frente a la multitud. Sin embargo, muchos, al verlo aparecer, comprendieron que había llegado su momento. No por su carisma o sus elocuentes discursos, sino porque encarna algo esencial: los rasgos del Buen Pastor, que es sencillo, misionero y lleno de Dios. Alguien que no tiene una agenda personal; alguien con la disponibilidad de una persona que ha aprendido a vivir en una postura de escucha. Su elección ha sido una sorpresa del Espíritu, como suelen ser los pasajes más hermosos del Evangelio.

¿Cómo podemos ser más fieles al Evangelio?

¿Qué podemos hacer para que Cristo siga siendo el centro de nuestras vidas?

El papa León XIV dijo lo siguiente en su primera homilía:

> *En [Cristo], Dios, para hacerse cercano y accesible a los hombres y mujeres, se nos reveló en los ojos confiados de un niño, en la mente viva de un joven y en los rasgos maduros de un hombre (cf.* Gaudium et Spes, *22), apareciéndose finalmente a sus discípulos después de la resurrección con su cuerpo*

glorificado. De este modo, nos mostró un modelo de santidad humana que todos podemos imitar, junto con la promesa de un destino eterno que trasciende todos nuestros límites y capacidades.

Con este mismo espíritu, León XIV nos invita a vivir una fe encarnada, viva y abierta al mundo y a los demás, una fe que no se retira ni se esconde, sino que se convierte en propuesta, testimonio y encuentro.

A lo largo de diez capítulos, exploraremos los temas clave inspirados en el mensaje que el papa León leyó —no improvisado— con su primera bendición *Urbi et Orbi* como sucesor de Pedro. Como si quisiera no dejar nada esencial sin decir en un momento tan significativo, León XIV reveló su intención con el sencillo gesto de traer una hoja de papel en la mano para poder ofrecer desde el principio un mensaje bien pensado, rezado y deliberado. No buscaba el impacto emocional de la espontaneidad, sino la claridad de un mensaje bien meditado que marcara el tono —sereno, pastoral y prospectivo— de su pontificado.

Este libro no es un análisis teórico, sino una meditación espiritual y eclesial sobre el pontificado que se está desarrollando y una oportunidad para conocer al hombre que ahora lleva las sandalias del pescador. Sin duda, ha comenzado una nueva era. Y el Señor, como siempre, nos invita a avanzar con confianza.

Primera bendición *Urbi et Orbi* del papa León XIV

En la tarde del 8 de mayo de 2025, el recién elegido Santo Padre, el papa León XIV, precedido por la cruz, apareció en el balcón central de la basílica de San Pedro, llamado

Loggia delle Benedizioni, para saludar al pueblo e impartir su primera bendición papal *Urbi et Orbi* (que significa «A la ciudad [de Roma] y al mundo»). Antes de la solemne bendición, el nuevo Papa se dirigió a los fieles con las siguientes palabras:

¡La paz esté con todos vosotros!

Queridos hermanos y hermanas, estas son las primeras palabras pronunciadas por Cristo resucitado, el Buen Pastor que dio su vida por el rebaño de Dios. Deseo que este saludo de paz resuene en vuestros corazones, en vuestras familias, entre todos los pueblos, dondequiera que se encuentren, en todas las naciones y en todo el mundo. ¡La paz esté con vosotros!

Esta es la paz de Cristo resucitado. Una paz desarmada y desarmante, humilde y perseverante. Una paz que viene de Dios, el Dios que nos ama a todos incondicionalmente.

Todavía podemos escuchar la voz débil pero siempre valiente del papa Francisco mientras bendecía a Roma, el papa que bendijo a Roma, que dio su bendición al mundo, al mundo entero, en la mañana de Pascua. Permítanme extenderles esa misma bendición: ¡Dios nos ama, Dios los ama a todos, y el mal no prevalecerá! Todos estamos en manos de Dios. ¡Avanzen, pues, sin miedo, juntos, de la mano de Dios y unos de otros! Somos seguidores de Cristo. Cristo nos precede. El mundo necesita su luz. La humanidad lo necesita como puente que nos conduce a Dios y a su amor. Ayúde-

nos a todos a construir puentes con el diálogo y el encuentro, unidos como un solo pueblo, siempre en paz. ¡Gracias, Papa Francisco!

Doy también las gracias a mis hermanos cardenales, que me han elegido para ser el sucesor de Pedro y caminar juntos con vosotros como Iglesia, unidos, buscando siempre la paz y la justicia, tratando siempre de actuar como hombres y mujeres fieles a Jesucristo, para anunciar el Evangelio sin miedo, para ser misioneros.

Soy agustino, hijo de san Agustín, que dijo: «Para vosotros soy obispo; con vosotros soy cristiano».». En este sentido, todos podemos caminar juntos hacia la patria que Dios nos ha preparado.

Un saludo especial a la Iglesia de Roma! Juntos debemos buscar los caminos para ser una Iglesia misionera, una Iglesia que construye puentes y fomenta el diálogo, una Iglesia siempre abierta a acoger, como esta plaza con sus brazos abiertos, a todos los que necesitan nuestra caridad, nuestra presencia, nuestra disponibilidad al diálogo y nuestro amor.

(En español)

Y si me permiten también una palabra, un saludo a todos y en modo particular a mi querida diócesis de Chiclayo, en el Perú, donde un pueblo fiel ha acompañado a su obispo, ha compartido su fe y ha dado tanto, tanto, para seguir siendo Iglesia fiel de Jesucristo.

A todos vosotros, hermanos y hermanas de Roma, de Italia, de todo el mundo: queremos ser una Iglesia sinodal, una Iglesia que camina, una Iglesia que siempre busca la paz, que siempre busca la caridad, que siempre busca estar cerca sobre todo de los que sufren.

Hoy es el día de la Oración de Súplica a Nuestra Señora de Pompeya. Nuestra Madre María siempre quiere caminar a nuestro lado, permanecer cerca de nosotros, ayudarnos con su intercesión y su amor. Por eso, me gustaría rezar juntos con vosotros. Recemos juntos por esta nueva misión, por toda la Iglesia, por la paz en el mundo, y pidamos a María, nuestra Madre, esta gracia especial: Ave María...

Capítulo 1

El corazón inquieto (de un agustino) que busca a Dios

«Pero quien sufre como cristiano, no se avergüence, sino glorifique a Dios por el nombre de Jesús».

1 Pedro 4, 16

«Soy hijo de san Agustín, agustino, que dijo: "Para vosotros soy obispo; con vosotros, soy cristiano"».

Contemplación y misión

Después del papa Francisco —jesuita y fiel seguidor de san Ignacio tanto en espíritu como en acción— ha llegado (o, mejor dicho, nos ha sido dado por el Espíritu) el papa León XIV, Robert Francis Prevost, otro religioso, esta vez fraile agustino. Ser agustino dará a su pontificado un estilo distintivo, ya que ha bebido de las aguas vivas del cristianismo primitivo.

Pertenece a la Orden de San Agustín (OSA), una orden mendicante con comunidades situadas en el corazón de las ciudades, entre la gente, donde late la vida cotidiana. Su presencia no busca privilegios, ni la orden se retira del mundo, sino que los coloca como testigos en medio de la vida. Los frailes predican donde vive el pueblo, comparten sus alegrías y sus sufrimientos, y sobreviven gracias a la caridad, confiando en la providencia de Dios y en la generosidad de los fieles. La contemplación y la misión no son dimensiones separadas, sino dos expresiones de un único compromiso: buscar a Dios y hacerlo presente con la palabra y con el servicio. Este es el espíritu con el que nacieron las órdenes mendicantes, como los agustinos, los franciscanos, los dominicos y los carmelitas.

La OSA es una de las grandes órdenes del siglo XIII, nacida de un deseo profundo y siempre renovado de volver al evangelio como forma de vida, como centro y horizonte. Querían volver al evangelio no de manera introspectiva o idealizada, sino de una manera vivida en comunidades fraternas, pobres y orantes, al servicio del pueblo y de la Iglesia.

Aunque las constituciones formales de la OSA como orden religiosa se remontan a 1244 —y la orden fue unificada definitivamente por el papa Alejandro IV en 1256—, su alma es mucho más antigua. Se arraiga en *La Regla de San Agustín*, escrita por San Agustín de Hipona en el siglo IV para los primeros cristianos que deseaban vivir juntos «con un solo corazón y una sola alma dirigidos hacia Dios» (*una anima et cor unum in Deum*).

La regla de San Agustín, la más breve de las cuatro grandes reglas monásticas de la Iglesia —junto con las de San Basilio, San Benito y San Alberto— no impone estructuras rígidas ni prácticas ascéticas extraordinarias. Más bien, propone un estilo de vida marcado por la caridad fraterna, los bienes compartidos, la oración común, la obediencia mutua y la búsqueda conjunta de la verdad. La espiritualidad agustiniana es una forma de estar en el mundo: abierta a Dios desde dentro; abierta a los demás con humildad.

Para Robert Francis Prevost, nacido en Chicago, Illinois, el 14 de septiembre de 1955, esta tradición no es solo un marco doctrinal. Es su hogar, su lengua materna espiritual, el aire que respira desde que ingresó en el seminario menor de la OSA a los catorce años. Más tarde, en 1977, ingresó en el noviciado de la Provincia de Nuestra Señora del Buen Consejo en St. Louis, Missouri. Hizo sus votos solemnes el 29 de agosto de 1981.

Dentro de la orden en la que se formó, maduró como religioso y ha llevado a cabo todas las tareas que la Iglesia le ha encomendado, desde su misión en Perú hasta el gobierno de la orden y la orientación global de los obispos.

En una entrevista para una publicación agustiniana, se le preguntó al entonces cardenal Prevost cómo influía san Agustín en su vida cotidiana. Respondió con una visión de lo profundamente que el obispo de Hipona inspira su visión de la Iglesia y de la escucha, el discernimiento y el servicio:

> *Una de las cosas que me viene a la mente cuando pienso en san Agustín —su visión y comprensión de lo que significa pertenecer a la Iglesia— es su enseñanza de que no se puede decir que se es seguidor de Cristo sin formar parte de la Iglesia. Cristo es parte de la Iglesia. Él es la cabeza. Por lo tanto, quienes piensan que pueden seguir a Cristo «por su cuenta», sin formar parte del cuerpo, están, lamentablemente, distorsionando lo que es verdaderamente una experiencia auténtica. San Agustín ofrece una sabiduría que lo impregna todo y nos ayuda a vivir en comunión. La unidad y la comunión son carismas esenciales de la vida de la orden y fundamentales para comprender lo que significa ser Iglesia y pertenecer a ella.*

Como afirman las constituciones de la orden, que Leo profesa y vive, la fidelidad a la Iglesia y a los sumos pontífices no es una concesión institucional, sino una expresión del amor agustiniano por la unidad y la verdad. Para Agustín, y para quienes siguen su camino, no hay mayor signo de madurez espiritual que saberse miembro vivo de un cuerpo mayor: el cuerpo de Cristo, que es la Iglesia.

La inquietud como punto de partida

El primer capítulo de las Confesiones de san Agustín comienza así: «Tú nos has hecho para ti, Señor, y nuestro corazón está inquieto hasta que descansa en ti». Esta frase no es solo el famoso comienzo de una de las obras fundamentales de la espiritualidad cristiana, sino también, y sobre todo, una confesión existencial, el latido de un alma que busca sentido. Generación tras generación, quienes han sentido la llamada de Dios como una inquietud amorosa que no se calma con respuestas superficiales ni se atenúa con certezas fáciles, se han reconocido en estas palabras. Robert Francis Prevost también se reconoce en ellas, de forma natural y profunda. Percibió esa misma llamada no como una carga, sino como una promesa de plenitud, y la vivió eligiendo la vida en una comunidad religiosa.

Prevost no entró en la Orden de San Agustín por un impulso juvenil o un entusiasmo pasajero. Le movió una intuición más profunda, casi silenciosa: la certeza de que Dios no se encuentra en el ruido del mundo ni en el éxito inmediato, sino en el latido más profundo del corazón humano. Esa convicción interior le llevó a abrazar la tradición espiritual agustiniana no como una reliquia del pasado, sino como un camino vivo, posible y necesario.

La comunidad como morada de Dios

Desde muy joven, Prevost comprendió que la forma de vida agustiniana es efectivamente un camino, pero no solitario. Es un viaje que se recorre al ritmo de los demás, como peregrinos que no se apresuran, sabiendo que el sentido está en el camino compartido. El agustiniano no es un monje aislado ni un buscador solitario de la perfección. Es, ante todo, un hermano, un compañero en la búsqueda de Dios. Un hombre que construye comunidad a través de la verdad y la caridad.

«No hay nada más característico de la vida agustiniana que compartir todo: la mesa, la oración, las dudas y la fe», dijo Prevost en una ocasión. Y eso es exactamente lo que ha hecho. Desde sus primeros pasos como fraile hasta su elección como prior general de la orden, su vida ha sido la de un tejedor de comunión nacido de una profunda convicción. Paciente, fiel, discreto, Prevost ha vivido la fraternidad no como un ideal, sino como una forma concreta de seguir a Cristo.

Su forma de vida es fruto de una tradición viva. La Constitución 13 de la Orden de San Agustín lo expresa claramente:

El fin de la Orden es que, unidos en fraternidad y amistad espiritual, busquemos y honremos a Dios y sirvamos a su pueblo. De este modo, participamos en la misión evangelizadora de la Iglesia, llevando la Buena Nueva «a todos los grupos humanos, para que, transformada desde dentro por su fuerza, se renueve la humanidad misma». Este es nuestro primer testimonio.

Este párrafo describe con precisión la trayectoria del papa León XIV. Su vida religiosa ha sido una respuesta constante a esa llamada: buscar juntos, honrar a Dios con los demás, servir sin ansiar reconocimiento. Nunca ha separado la interioridad de la misión, ni la oración de la acción pastoral. Su espiritualidad, como la de Agustín, ha sido encarnada: pies en la tierra, corazón vuelto hacia Dios.

Agustín no buscó a Dios en el silencio absoluto, sino en las palabras compartidas, en la Escritura leída con otros, en el diálogo entre hermanos. En Robert Francis Prevost, este legado ha tomado una forma luminosa y lúcida, como maestro de novicios, rector de seminario, prior provincial y, más tarde, prior general. Siempre ha defendido una formación que integra la experiencia espiritual y la vida fraterna.

Su enfoque nunca ha sido el de las estrategias o las reglas, sino el del acompañamiento.

Su forma de orientar es escuchar, discernir y animar. No ofrece respuestas prefabricadas, sino que plantea preguntas que ayudan a los demás a buscar juntos. Al igual que Agustín, el hombre que se convertiría en papa sabía que el camino hacia la verdad pasa por el amor, y que la verdad solo se alcanza cuando se comparte. Esa es la gran lección de ser agustino: que Dios no se impone, sino que se revela a través de la experiencia y el encuentro personal, fomentando un vínculo amoroso y recíproco.

Enviado en misión

Tras ingresar en la orden agustiniana, Robert Francis Prevost completó su formación en la Catholic Theological Union de Chicago. A los veintisiete años fue enviado a Roma para estudiar Derecho Canónico y se doctoró en la Pontificia Universidad de Santo Tomás de Aquino (Angelicum). En la Ciudad Eterna fue ordenado sacerdote el 19 de junio de 1982. En 1985, mientras trabajaba en su tesis doctoral, fue enviado a la misión agustiniana de Chulucanas, Piura, Perú, donde permaneció hasta 1986.

En la misión agustina de Trujillo, Perú, Prevost ejerció su ministerio durante once años, de 1988 a 1999, desempeñando funciones como prior de la comunidad, director de formación e instructor de los profesos, al tiempo que impartía clases en el Seminario de San Carlos y San Marcelo y colaboraba con las parroquias locales.

En Perú descubrió una nueva dimensión de la espiritualidad agustina: la inserción en la realidad de los pobres. En las polvorientas regiones de Trujillo y Chulucanas, aprendió que la inquietud del corazón no se calma solo con ideas, sino con el compromiso. «Donde está el pueblo, allí está la Iglesia», solía decir. «Donde hay sufrimiento, Dios clama».

Años más tarde, regresó a Perú como obispo de Chiclayo. Se reencontró con comunidades humildes, impulsó procesos de reconciliación y promovió la formación del clero. Vivió su ministerio pastoral como un acto constante de amor. No buscaba grandes gestos, sino la fidelidad cotidiana. Como buen agustino, sabía que Dios actúa más a través de la perseverancia que del espectáculo. El día de su elección como sumo pontífice, no se olvidó de su pueblo. Les dedicó unas palabras que conmovieron a muchos peruanos:

> *Y si me permitís también unas breves palabras, un saludo a todos y en particular a mi querida diócesis de Chiclayo, en Perú, donde un pueblo fiel ha acompañado a su obispo, ha compartido su fe y ha dado tanto, tanto, para seguir siendo una Iglesia fiel a Jesucristo.*

Este pequeño pero significativo gesto reveló que, incluso en un momento tan abrumador, nunca perdió de vista la realidad de su vida y su misión.

Liderar con el corazón de un fraile

En 2001, Prevost fue elegido prior general de los agustinos, cargo que desempeñó durante doce años. Fue llamado a dirigir la orden en un momento de profundos cambios: el declive de las vocaciones en Europa, el crecimiento en África y Asia, y los retos de la inculturación y la misión. Pero nunca perdió su identidad. Gobernó con corazón de fraile: escuchando, dialogando, discerniendo, como líder pero también como hermano mayor que anima.

Durante su mandato como prior general, escribió numerosas cartas y mensajes a las comunidades agustinas de todo el mundo. Estas cartas reflejaban una espiritualidad sencilla y profunda, centrada en la caridad fraterna, la búsqueda de la verdad en la comunión y la esperanza en medio de las dificultades. «El carisma de Agustín —decía— no es una reliquia, sino una brújula. Nos recuerda que la Iglesia está llamada a vivir como comunidad de amor, no como estructura de poder».

Roma y el discernimiento episcopal

El papa Francisco llamó al futuro papa a Roma en 2023 para presidir el Dicasterio para los Obispos como prefecto. Según la Santa Sede, «el Dicasterio para los Obispos es responsable de todas las cuestiones relacionadas con el establecimiento y la provisión de las iglesias particulares y el ejercicio del ministerio episcopal en la Iglesia latina».

Este nombramiento fue significativo: un pastor con experiencia misionera y corazón de religioso iba a ayudar a elegir a los nuevos obispos de la Iglesia. Fiel a su espiritualidad, sus criterios para los nuevos obispos eran claros: hombres de oración, de escucha, de comunión. No buscaba administradores ni diplomáticos, sino testigos del Evangelio.

Prevost explicó cómo llegó a ser prefecto en una entrevista concedida el 30 de septiembre de 2023 a la oficina de la Curia General, poco después de ser nombrado cardenal:

> *El hecho de que el papa Francisco me pidiera que aceptara esta misión fue una completa sorpresa para mí. Llevaba varios años formando parte del Dicasterio, desde 2020, y cuando me dijo que estaba «pensando en la posibilidad», le respondí al Santo Padre: «Sabes que estoy muy feliz en Perú. Tanto si decides nombrarme como si decides dejarme donde estoy, seré feliz. Pero si me piden que asuma una nueva función en la Iglesia, la aceptaré». Y eso es por mi voto de obediencia. Siempre he hecho lo que se me ha pedido, ya sea en la orden o en la Iglesia. Y entonces él me dijo: «Reza para que tome una buena decisión». Y, bueno... el resto ya se sabe.*

Esta tarea de nombrar obispos, quizá discreta, fue sin embargo impactante. La Iglesia de los años siguientes lleva la huella del discernimiento de Prevost. En sus decisiones, aplicó una lente agustiniana: su objetivo no era cubrir vacantes, sino formar pastores que velaran por los intereses de su rebaño y que recorrieran el camino trazado por el papa Francisco con la Palabra en las manos y la caridad en el corazón.

En esto, fue fiel a san Agustín, que se convirtió en obispo de mala gana, pero nunca dejó de ser un servidor.

Un hijo de san Agustín

Como hemos visto, Robert Francis Prevost nunca ha dejado de reconocerse en las huellas de su padre espiritual, san Agustín de Hipona. Ha asumido el ministerio petrino como León XIV desde la humildad heredada de Agustín, que inspiró al santo a decir, al convertirse en obispo de Hipona: «Para vosotros, soy obispo; con vosotros, soy cristiano» (*Pro vobis episcopus, vobiscum christianus*). Tras su elección, el papa León XIV pronunció esas mismas palabras con tranquila convicción, y podemos estar seguros de que no se trataba de una cita elocuente, sino de una declaración de identidad.

Su vocación es la unión de la comunión y el servicio, de la fe compartida y la autoridad ejercida como responsabilidad. No hay rastro de clericalismo en esta visión del ministerio, sino el profundo eco de una espiritualidad que pone a Cristo en el centro y se deja moldear por Él a través de la fraternidad. Así vivió fray Prevost su camino: como agustino, como pastor y como hermano entre hermanos.

San Agustín enseñó que la verdad se busca juntos y se vive en la caridad. León XIV, con su formación agustiniana, aporta a la Iglesia este legado de interioridad compartida y sabiduría pastoral.

Capítulo 2

¡La paz sea con vosotros!

«Aunque las puertas estaban cerradas, Jesús entró, se puso en medio de ellos y les dijo: "La paz sea con vosotros"».

Juan 20, 26

«Esta es la paz de Cristo resucitado. Una paz desarmada y desarmante».

Sembrando semillas de paz duradera

León XIV comenzó su ministerio petrino con las mismas palabras que Cristo resucitado dirigió a sus discípulos: «La paz esté con vosotros». No fue una elección casual, ni una frase litúrgica rutinaria, sino una proclamación que resumía el corazón mismo del Evangelio. Jesús nunca se cansa de enviar a su Iglesia como artífice de la comunión a un mundo herido, dividido y anhelante.

Y tal misión, similar a la de san Agustín y del predecesor de León XIV, el papa Francisco, requiere corazones reconciliados, abiertos a los demás, dispuestos a trabajar por la paz nacida del amor y forjada en la verdad. «La paz esté con vosotros». No era una expresión vacía, sino una declaración deliberada y significativa.

Toda la vida pastoral de León XIV ha estado marcada por una incansable búsqueda de la paz, no solo como ausencia de conflicto, sino como plenitud de vida, como reconciliación, como justicia encarnada, como fraternidad concreta. A lo largo de su camino, el futuro Papa ha tendido puentes, sanado divisiones y sembrado las semillas de una paz profunda, evangélica y duradera en la Iglesia y en el mundo.

Como obispo de Chiclayo —que puso su querida diócesis en el mapa para muchos— compartía regularmente reflexiones ricas y profundas en el boletín diocesano *Somos Iglesia*, una verdadera herramienta pastoral para el pueblo. En uno de esos escritos, comentando la encíclica *Fratelli Tutti* (Sobre la fraternidad y la amistad social) del papa Francisco de 2020, reveló lo que ahora podría leerse como una clara declaración de intenciones: su compromiso decisivo con la paz, no como retórica abstracta o ideal utópico, sino como responsabilidad tangible, espiritual y pastoral entretejida en la vida cotidiana de la Iglesia y la sociedad. Inspirándose en el mensaje de la encíclica, invitaba a los fieles a redescubrir la fraternidad como camino, la escucha como método y la misericordia como estilo de vida. Para él, hablar de paz era ante todo hablar de conversión personal, comunitaria y eclesial.

En sus propias palabras, el obispo Prevost subrayó: «Una vez más, el Papa dice un "no" definitivo a la guerra y a la indiferencia globalizada. La fraternidad y la amistad social son, según el Papa, los medios necesarios para reconstruir un mundo herido». Esa visión, serena pero decidida, ha acompañado a Robert Francis Prevost a lo largo de cada etapa de su ministerio; ahora, como sucesor de Pedro, se convierte en un horizonte para toda la Iglesia.

En dos breves páginas del boletín diocesano de Chiclayo, expuso lo que el Papa Francisco, citando al Poverello de Asís, quería transmitir en *Fratelli Tutti*: un itinerario espiritual y social con el único objetivo de construir un mundo más justo, más humano, verdaderamente unido, donde la paz no sea solo un ideal, sino una realidad concreta y duradera que se vive en todas nuestras relaciones.

Para lograrlo, insistió en algo fundamental: no será posible una transformación auténtica sin la participación de todos. La paz debe construirse juntos. Por eso, *Fratelli Tutti* no es solo un mensaje para los líderes políticos o religiosos, sino también una llamada a todas las personas de buena voluntad. Y el obispo Prevost subrayó que el papa Francisco alzó su voz contra todo lo que amenaza la paz: la guerra, la violencia, el desprecio hacia los demás y la indiferencia globalizada. La comunidad y la amistad social son los dos caminos para reconstruir un mundo herido.

Afirmó: «Esta encíclica nos invita a tener el corazón abierto para trabajar en solidaridad con todos, buscando la transformación de la sociedad y de las instituciones para construir un mundo más humano, más justo y más fraterno, donde nadie sea excluido».

En el espíritu de *Fratelli Tutti*

La encíclica revela su propuesta a través de ocho capítulos, que pueden leerse como ocho estaciones en un camino de conversión social, espiritual y pastoral encaminado a «reconstruir un mundo herido». Como obispo de Chiclayo, Prevost leyó *Fratelli Tutti* con una mirada pastoral, realista y con los pies en la tierra. No se limitó a explicar su contenido, sino que lo encarnó en sus palabras y en su vida. En una carta pastoral a sus fieles, recorrió la encíclica con claridad evangélica y profundidad espiritual, destacando varias ideas:

1. El papa Francisco comenzó describiendo con realismo las «nubes oscuras» de nuestro tiempo. Denunció con valentía las consecuencias de una cultura marcada por el egoísmo, el aislamiento y la indiferencia. Habló del racismo, la pobreza, la trata de personas, la desigualdad, la explotación, la esclavitud y el crimen organizado. No se trata de un inventario sombrío, sino de un diagnóstico basado en el Evangelio: para sanar el mundo, primero debemos ver sus heridas. No podemos fingir que no pasa nada. El obispo Prevost hizo suyas estas palabras: «Una Iglesia que no se deja herir por el dolor del mundo pierde su credibilidad».

2. En el segundo capítulo de la encíclica, el papa Francisco volvió a una de las parábolas más luminosas del Evangelio: la del buen samaritano, que contiene una clave esencial para reconstruir nuestro tejido social: convertirse en prójimo. No importa el origen o la ideología de quien sufre. Lo que importa es acercarse, ver, tocar, curar. El otro no es una amenaza ni una carga, sino Cristo mismo, herido al borde del camino. «Debemos reconocer a Cristo en cada persona excluida», dijo Francisco, y el obispo Prevost lo abrazó de todo corazón, convencido de que un enfoque pastoral arraigado en la ternura es la única respuesta lógica a una humanidad fracturada.

3. El amor es el eje del tercer capítulo. «El amor ocupa el primer lugar», escribió el papa Francisco. Amar como opción de vida, como compromiso político, como principio teológico. Abrazar el amor que acoge en lugar del miedo que excluye. Promover la unidad y la dignidad de todos en lugar de la indiferencia. La amistad social no es superficial, es el tejido que sostiene la vida humana. León XIV lo ha repetido una y otra vez: la Iglesia no puede dejar de amar, porque ha sido enviada a reconciliar, no a condenar.

4. La encíclica aborda luego una de las heridas más dolorosas de nuestro tiempo: la migración. Francisco nos llama a superar los discursos de rechazo o miedo y propone una cultura de acogida, integración y generosidad. Y nos recuerda una verdad fundamental: «Hoy, o nos salvamos todos juntos o no se salva nadie». Nadie puede quedar excluido. Nadie puede ser descartado.

El papa León XIV lo dejó igualmente claro en su primera bendición *Urbi et Orbi*, afirmando con voz tranquila y firme: «¡La paz esté con todos vosotros! Queridos hermanos y hermanas... Deseo que este saludo de paz resuene en vuestros corazones, en vuestras familias, entre todos los pueblos, dondequiera que se encuentren... ¡La paz esté con vosotros!».

5. Volviendo a *Fratelli Tutti*, León XIV reafirma que la caridad, según Francisco, es el corazón espiritual de la política. Pero no cualquier política, sino una política orientada al bien común, que promueva la justicia y defienda a los más débiles. Solo así puede surgir una verdadera civilización del amor. La fraternidad debe influir en las decisiones públicas y en el ejercicio responsable del poder. El papa León XIV ha abrazado esa misma visión: gobernar en la Iglesia, como en la sociedad, es servir.

6. *Fratelli Tutti* presenta una llamada urgente al diálogo, no al debate violento ni a la imposición ideológica, sino al encuentro sincero, al respeto mutuo y al aprendizaje compartido. «La vida... es el arte del encuentro», insistió Francisco. Y el diálogo se convierte en un camino hacia la paz porque acerca las perspectivas, cura las heridas y resuelve los conflictos sin violencia.

La paz se construye cuando se busca la reconciliación, no la venganza. La reconciliación no es ingenuidad, sino justicia transformada por el perdón. Francisco propuso una sociedad basada en el servicio, el compartir y la búsqueda del bien común. Fue aún más lejos al reiterar la oposición absoluta de la Iglesia a la pena de muerte y a cualquier castigo que niegue la dignidad humana. León XIV abraza esta enseñanza con convicción, sabiendo que la misericordia es el rostro más visible del Evangelio.

7. La encíclica termina, como resumió el obispo de Chiclayo, con un llamamiento al diálogo interreligioso. Las religiones no deben ser fuentes de división ni excusas para la violencia, sino instrumentos de paz, unidad y transformación. Francisco advirtió en un discurso pronunciado en 2018 en Riga, Letonia:

Si la música del Evangelio deja de resonar en nuestro ser, perderemos la alegría que nace de la compasión, el amor tierno que nace de la confianza y la capacidad de reconciliación que tiene su origen en el saber que hemos sido perdonados y enviados. Si la música del Evangelio deja de sonar en vuestros hogares, en vuestras plazas, en vuestros lugares de trabajo, en vuestra vida política y financiera, ya no oiréis las notas que os desafían a defender la dignidad de cada hombre y mujer.

Este sentimiento resume también la esperanza de León XIV de que la Iglesia nunca pierda su música, que la melodía del Evangelio, nacida de un corazón habitado por Cristo, siga sonando.

Una paz desarmada y desarmante

«*Esta es la paz de Cristo resucitado. Una paz desarmada y desarmante*». Con estas palabras, cargadas de fuerza evangélica, el papa León XIV resumió en su primera bendición *Urbi et Orbi* el núcleo mismo del mensaje cristiano: la paz traída por el Señor no se impone por la fuerza o el miedo, y no se sostiene con el poder. Es una paz desarmada porque brota de un amor que se entrega sin defenderse, y es desarmante porque derriba muros y neutraliza el odio.

Reflexionando sobre la encíclica del papa Francisco, Prevost insistió en que esa paz requiere una profunda conversión. No basta con desearla o proclamarla, hay que vivirla. Y vivirla significa pasar del «yo» al «nosotros», del miedo a la confianza, del juicio a la acogida. No se trata de cambios superficiales y externos, sino de transformar los corazones. Se trata de permitir que el Evangelio nos alcance hasta que remodele nuestras relaciones, nuestros afectos y nuestras decisiones.

Para Prevost, como obispo y ahora como Leo XIV, este fue, es y será el gran desafío de la Iglesia: formar comunidades donde todas las personas, sin excepción, puedan sentirse en casa. Comunidades que acogen antes de juzgar, que sanan antes de condenar, que salen al encuentro de los demás en lugar de encerrarse en sus comodidades. Iglesias abiertas y misioneras, con una mirada de buen samaritano, que reconocen a Cristo en el otro y construyen un camino común con él.

Porque, como afirma claramente el misionero Robert Francis Prevost, la paz verdadera no vendrá de acuerdos frágiles, pactos provisionales o diplomacia cautelosa. Solo vendrá de corazones tocados por el Evangelio. Vendrá de hombres y mujeres que se atreven a vivir como hermanos y hermanas. Vendrá de discípulos capaces de renunciar a la violencia, a la necesidad de dominar y al impulso de tener razón, abrazando en cambio la humildad del pan compartido, el perdón ofrecido y el servicio silencioso.

Lo que el papa León XIV ha querido decir —y lo que ha expresado más con acciones que con palabras— es que no hay Iglesia sin comunión, sin comunión no hay conversión, y sin conversión no hay paz. Y la verdadera paz nos desarma, nos transforma y nos revela un reino que no es de este mundo, pero que ya habita en nosotros.

León XIV fue inequívoco en su primer *Regina Caeli* del Domingo del Buen Pastor, el 11 de mayo de 2025, al decir: «Considero un don de Dios que el primer domingo de mi servicio como obispo de Roma sea el Domingo del Buen Pastor, cuarto domingo de Pascua». Continuó después del Regina Caeli: «En el dramático escenario actual de una tercera guerra mundial a fragmentos, como ha afirmado muchas veces el papa Francisco, yo también me dirijo a los líderes mundiales, repitiendo el llamamiento siempre oportuno: «¡Nunca más la guerra!»».»

No podría haberlo dicho con más claridad ni en un momento más oportuno. Al día siguiente, en su primer encuentro con representantes de los medios de comunicación, León XIV reforzó este mensaje diciendo:

La paz comienza con cada uno de nosotros, con la forma en que miramos a los demás, con la forma en que escuchamos a los demás, con la forma en que hablamos de los demás. Y en este sentido, la forma en que nos comunicamos es fundamental: debemos decir «no» a la guerra de palabras e imágenes. Debemos rechazar el paradigma de la guerra.

Capítulo 3

Dios nos ama sin condiciones

*«Porque el Padre mismo os ama,
porque vosotros me habéis amado
y habéis creído que yo vine de Dios».*

Juan 16:27

«Dios nos ama. Dios os ama a todos».

Dios nos amó primero, para que nosotros le amáramos

«Dios nos ama. Dios os ama a todos». Con esta expresión sencilla y radiante, el papa León XIV resumió la esencia del Evangelio. Todo comienza en el amor gratuito de Dios. Todo florece en esa certeza del amor de Dios: el fundamento de la vida cristiana. Porque, como enseñó san Agustín, no comenzamos amando a Dios, sino que somos amados primero; al saber que somos amados, aprendemos a amar a cambio: «El Padre mismo os ama, porque vosotros me habéis amado».

¿Nos ama Dios porque le amamos, o le amamos porque él nos amó primero? El mismo evangelio responde a través de su epístola. San Agustín escribe, en *In Epistolam Ioannis ad Parthos tractatus decem* (Diez homilías sobre la epístola de Juan a los partos): «Nosotros amamos porque él nos amó primero. Por lo tanto, es porque fuimos amados que llegamos a amar. En verdad, amar a Dios es un don de Dios. Él, que nos amó sin ser amado, nos dio los medios para amarlo. Para que hubiera algo en nosotros con lo que complacerlo, fuimos amados incluso cuando no éramos amables».

El amor es el mensaje central de Jesús, no como un mandamiento abstracto, sino como una experiencia concreta. Y como el Papa recordó repetidamente a sus fieles en Perú, no podemos amar a Dios si no aprendemos a amar a nuestro prójimo. No hay verdadera espiritualidad sin compasión. No hay fe madura sin fraternidad. Y, si Dios nos ama a todos, entonces nadie puede ser excluido. Nadie es innecesario. Nadie es desechable. Nadie es un extraño a los ojos de Cristo.

Durante su ministerio episcopal en Chiclayo, especialmente en los meses más duros de la pandemia, el obispo Prevost escribió con frecuencia a sus comunidades. No hablaba desde el púlpito, sino que escribía desde el corazón. Sus cartas y reflexiones pastorales eran un bálsamo y una guía. En una de ellas, titulada con una frase del Evangelio, «Venid y ved... Conozcamos a Jesucristo» (cf. Jn 1, 39), dejó clara su convicción: solo Cristo puede enseñarnos verdaderamente a vivir. No se trataba de sostener estructuras o mantener rutinas eclesiales, sino de volver al centro, a lo esencial, a la persona viva de Jesús. Jesús viene a mostrarnos el verdadero camino para vivir.

Años más tarde, como prefecto en Roma, Prevost dijo: «A menudo nos hemos centrado en enseñar la doctrina, pero corremos el riesgo de olvidar que nuestra primera tarea es comunicar la belleza y la alegría de conocer a Jesús». Jesús, cuyo corazón está abierto a todos.

Venid y ved—Conozcamos a Jesucristo

San Agustín enseñó que la verdad no se impone, se busca. Y no se alcanza mediante el aislamiento o el poder, sino a través de la comunión. La vida de Agustín fue un peregrinaje interior, pero nunca cerrado. A su alrededor creció una comunidad de buscadores: hermanos y hermanas con quienes compartía no solo la fe, sino también preguntas, lágrimas, dudas y certezas. Para san Agustín, la verdad era inseparable de la caridad, y la caridad inseparable de la relación. Por eso enseñaba que solo juntos llegamos a la luz.

En este mundo en rápida evolución que valora el individualismo, el Papa nos recuerda que fuimos creados a imagen y semejanza de Dios. No fuimos hechos para vivir aislados, sino en comunidad. Fuimos hechos para construir relaciones y habitar la sociedad como hermanos y hermanas.

León XIV, el primer papa agustino, es heredero de este espíritu. No solo profesó los votos en la Orden de San Agustín, sino que su forma de vivir lleva la huella de esa espiritualidad: interioridad sin aislamiento, sabiduría sin arrogancia, autoridad sin dureza. En él, la espiritualidad agustiniana no es un ideal ni un recuerdo, sino una forma concreta de habitar el mundo con ojos atentos, corazón abierto y pies en la tierra. Es una espiritualidad de estar alerta a la realidad, acompañando a los demás con compasión y sanando con esperanza.

El estilo pastoral de León XIV no busca atraer con grandes discursos o textos largos, sino con gestos que invitan a la cercanía, a la comunión y a la comunicación sin miedo. Cuando los primeros discípulos, conmovidos por las palabras de Jesús, le preguntaron: «¿Dónde moras?», él respondió: «Venid y lo veréis» (cf. Jn 1, 38-39). Siguiendo este ejemplo, la Iglesia necesita pastores que no impongan ni retengan, sino que acompañen. Que no bloqueen el camino, sino que lo abran. Que digan con su vida: «Venid y ved».

El Señor mismo viene a nuestro encuentro

El papa León XIV nos recuerda una y otra vez que el Evangelio no envejece. No se desgasta. No pierde su fuerza. Es la Palabra viva que sigue transformando vidas. Y por eso, en su opinión, cada nuevo año pastoral debe comenzar como un encuentro renovado con Cristo. No por costumbre, sino por necesidad. No con miedo, sino con esperanza. «El Señor mismo viene a nuestro encuentro», escribió. «Nos habla al corazón y nos invita, una vez más, a ser mensajeros de su paz y sembradores de comunión».»

Esta es la visión de León XIV sobre la Iglesia: una comunidad que no se aísla ni guarda la gracia como un privilegio, sino que la ofrece como un don. Una Iglesia que sale al mundo para servir y construir la fraternidad.

Inspirándose en el Salmo 27, el obispo Prevost invitó a todos a escuchar esa voz que resuena en el corazón: «"Ven", dice mi corazón, "busca su rostro"; ¡tu rostro, Señor, es lo que busco! No me escondas tu rostro» (Sal 27, 8–9).

El Papa añadió que así es el amor de Dios: libre, fiel, desbordante. Un amor que siempre toma la iniciativa con infinita dulzura, sin irrumpir ni imponerse. Un amor que se deja descubrir en el silencio, en la quietud, en la disponibilidad interior. En medio del ruido, la tensión y el cansancio del mundo, debemos hacer espacio para escuchar.

El encuentro con Cristo no es un acontecimiento único ni un recuerdo del pasado. Es una experiencia que renueva, una llamada que resuena cada día en lo más profundo del corazón. El papa León XIV siempre vivió así su encuentro con Cristo: como una relación personal y tangible que da sentido a todo lo demás.

En la espiritualidad del Papa, profundamente marcada por la Palabra de Dios y la vida en comunidad, el Señor que viene a nuestro encuentro no es solo una imagen devocional, sino también una certeza práctica: Cristo está presente, Cristo se acerca a nosotros, Cristo toma la iniciativa. Y cuando viene a nuestro encuentro, también nosotros somos enviados a salir al encuentro de los demás, sin miedo y sin demora, porque la vida cristiana comienza y se renueva en el encuentro con Cristo vivo, que transforma el corazón. Como dijo Benedicto XVI, «ser cristiano no es el resultado de una elección ética o de una idea elevada, sino el encuentro con un acontecimiento, con una persona, que da a la vida un nuevo horizonte y una orientación decisiva» (*Deus Caritas Est*, 1).

Ese encuentro con el Señor nos cambia, nos conmueve, nos compromete. No nos deja indiferentes. Cuando alguien ha oído al Señor llamarle por su nombre, no puede seguir viviendo como le plazca. Descubre que la fe no es un refugio para los momentos difíciles, sino una misión para la vida cotidiana.

De ahí surge la urgencia de la comunión. La Iglesia es una familia abierta, donde cada persona tiene un lugar y todos están llamados a tender puentes. Ser «sembradores de comunión» es más que una bella frase: es un estilo de vida; una forma de estar en el mundo; una forma de hablar, de ver y de actuar. En un tiempo herido por la división y la indiferencia, la Iglesia está llamada a ser signo de unidad, espacio de reconciliación, laboratorio de paz y escuela de verdad.

Pero esa misión no surge de nuestras propias fuerzas. Surge de haberle hecho espacio a Dios, de haberlo escuchado en silencio y de haber reconocido que él nos buscó primero. Como en la historia de Emaús, el Señor camina a tu lado incluso cuando no lo reconoces; se deja ver cuando partimos el pan y abrimos nuestro corazón.

Por eso se hace tanto hincapié en la oración, no como una obligación más, sino como el lugar donde la Palabra cobra vida en nosotros, donde aprendemos a ver como Jesús, a escuchar como Jesús, a amar como Jesús. Sin ese encuentro diario en la oración, corremos el riesgo de hablar de Dios sin haberlo escuchado, de anunciar el Evangelio sin haberlo vivido. Estaríamos trabajando para él, pero sin él.

Solo desde ese lugar, desde la maravilla de saber que hemos sido encontrados, podemos proclamar con alegría que el Señor está vivo y viene a nuestro encuentro. Una y otra vez. Siempre.

El sufrimiento puede conducir a la revelación

Durante la pandemia, cuando todo parecía incierto, el obispo Prevost fue testigo de la profunda necesidad de una esperanza concreta. «La llamada de Dios puede parecer inoportuna a los ojos del mundo», dijo, «pero es más urgente que nunca». Por eso proclamó que también el sufrimiento puede ser un lugar de revelación. Que incluso una pandemia puede convertirse, a través de la fe, en un *kairos*: un momento favorable para volver a Dios y proclamarlo con renovado fervor.

Por esta razón, León XIV evocó la profética proclamación de San Juan Bautista: «He aquí el Cordero de Dios, que quita el pecado del mundo» (Juan 1, 29). Y recordó la promesa inquebrantable de Jesús: «En el mundo tendréis aflicción, pero confiad, yo he vencido al mundo» (Juan 16, 33).

A partir de ahí, la invitación era clara: comenzar cada tiempo pastoral como un verdadero reencuentro con Jesús. Con alegría renovada. Con fe humilde. Con determinación misionera. Proclamar el Evangelio no como una obligación, sino como una alegría; no como una teoría, sino como una vida compartida. Porque si Jesús ha vencido al pecado, a la muerte y a todas las sombras, ¿cómo no vamos a anunciarlo? ¿Cómo podemos callar? ¿Cómo podemos ocultar la luz, incluso en la hora más oscura?

Robert Prevost dejó claro que hoy, más que nunca, es tiempo de salir y redescubrir la belleza de la fe, la vitalidad de la Palabra y la fuerza del Resucitado que sigue caminando con nosotros. Es tiempo de una Iglesia que escucha, que sale al mundo para dejarse interpelar por su sufrimiento y que responde con amor.

Soñar juntos

En plena sintonía con el papa Francisco, el obispo de Chiclayo proclamó con firmeza que la respuesta cristiana solo puede venir de la fraternidad, porque, como citó del párrafo 8 de *Fratelli Tutti*, «nadie puede afrontar la vida en soledad».

Aquí tenemos un espléndido secreto que nos muestra cómo soñar y convertir nuestra vida en una maravillosa aventura. Nadie puede afrontar la vida en soledad. Necesitamos una comunidad que nos apoye y nos ayude, en la que podamos ayudarnos unos a otros a seguir mirando hacia adelante. Qué importante es soñar juntos.

El sueño del obispo Prevost era, y sigue siendo como papa León XIV, el sueño de Cristo: un mundo reconciliado, una Iglesia fraterna y una comunidad de discípulos que dan del amor que han recibido y lo comparten sin medida. Porque si el papa León XIV ha dejado claro algo desde las primeras palabras de su papado, es que Dios nos ama. Dios ama a todos. Y una vez que se recibe ese amor, todo cambia.

En este tiempo marcado por la fragmentación y el individualismo, el papa León XIV nos invita a levantar la mirada y recuperar el poder transformador de un sueño compartido. Soñar juntos no es una huida ingenua, sino una declaración profética. Significa que creemos que otro mundo es posible, porque Dios ya lo está haciendo realidad entre nosotros. Y el reino de Dios se realiza allí donde los hombres y las mujeres se reconocen como hermanos y hermanas.

El sueño de León XIV no es suyo. No es personal ni privado. Es de Dios: un mundo reconciliado en el que nadie queda excluido, los olvidados son escuchados y el amor no es la excepción, sino la norma. Pero para que ese sueño se haga realidad, necesita raíces: personas que se comprometan de manera concreta a caminar juntas y que renuncien al principio de «cada uno por su cuenta».

La fraternidad cristiana no es solo una idea, es el corazón del Evangelio. Como escribió san Pablo: «Si una parte sufre, todas las partes sufren con ella; si una parte es honrada, todas las partes comparten su alegría» (1 Corintios 12, 26). Eso es lo que significa soñar juntos: saber que formamos parte de un solo cuerpo, compartiendo la responsabilidad de una esperanza que nos pertenece a todos.

Leo XIV ha vivido así desde el principio, como misionero, como pastor y como hermano. Su liderazgo siempre ha sido sinodal y profundamente comunitario. Sabe escuchar, discernir y caminar con los demás. Entiende que el reino de Dios no se construye solo, sino con muchas manos, corazones unidos y sueños entrelazados.

Leo XIV es un hombre acostumbrado a escuchar: a Dios en la oración, a las personas en sus luchas y al mundo en sus gemidos. Por eso predica no solo con palabras, sino también con una actitud constante de escucha y apertura. Invita a toda la Iglesia a sintonizar con el oído del corazón y a permanecer atenta al grito de la humanidad herida. Quiere que escuchemos, como él ha aprendido a hacer, los suspiros de los pobres, las preguntas de los jóvenes, las lágrimas de los descartados y la búsqueda silenciosa de quienes aún no conocen a Cristo.

Con sus palabras y gestos, el Papa nos recuerda que la Iglesia solo vivirá su fe si se convierte en una comunidad que sueña con los ojos abiertos, camina al ritmo de los olvidados, se deja conmover por el sufrimiento del mundo y se atreve a crear espacios de encuentro donde antes solo había distancia.

Y ese sueño, tan vasto, tan hermoso, no nace del optimismo humano, sino del amor de Dios recibido y creído. Como ha dicho el papa León XIV, destacado al principio de este capítulo: «Dios nos ama. Dios os ama a todos». Esa certeza lo cambia todo: derriba el miedo, disuelve las fronteras y derriba los muros. Y nos envía con humildad y esperanza a construir una comunidad sin exclusiones, donde todas las personas puedan encontrar su lugar, su dignidad, su voz. Una comunidad que ahoga el juicio, el desprecio y la indiferencia, y que, en cambio, fomenta el silencio fecundo que el corazón humano anhela: el silencio que escucha, que acoge y que hace posible el encuentro verdadero.

Soñar juntos, entonces, no es un eslogan. Es un camino evangélico para vivir la fe, construir la paz y sembrar las semillas del reino. Y León XIV, con sencillez y convicción, nos dice que este sueño merece la pena y que no estamos solos en él.

CAPÍTULO 4

EL MAL NO PREVALECERÁ

*«No te dejes vencer por el mal,
sino vence el mal con el bien».*
ROMANOS 12, 21

*«El mal no prevalecerá.
Todos estamos en manos de Dios».*

Una declaración profética

«El mal no prevalecerá». Estas palabras, pronunciadas con claridad y firmeza por León XIII al comienzo de su pontificado, son más que un consuelo espiritual: son proféticas. En un mundo sacudido por crisis sociales, guerras abiertas y violencia latente; en una época marcada por las revoluciones tecnológicas, los desplazamientos humanos y las continuas amenazas a la dignidad humana, el Papa no se presenta como un observador distante, sino como un valiente testigo de la esperanza. Su esperanza está profundamente arraigada en la certeza evangélica de que Dios es más fuerte que todo mal y que la historia permanece en manos de Dios.

Al igual que el papa León XIII publicó *Rerum Novarum* en 1891 para responder a la cuestión obrera y a los retos del capitalismo industrial con una voz renovada de la doctrina social católica, el pontificado del papa León XIV también surge en medio de grandes transformaciones. Entonces fue la industrialización. Ahora es la fragmentación cultural, el auge de la inteligencia artificial, la crisis climática, las migraciones masivas y la polarización ideológica. Estas cuestiones requieren algo más que un simple análisis, y la postura de León XIV es clara: *el mal no tendrá la última palabra*.

Dos días después de su elección, el Papa explicó a los cardenales por qué había elegido el nombre de León XIV. No fue una decisión simbólica o anecdótica, sino un camino deliberado con una orientación pastoral y doctrinal que marcaría profundamente su pontificado. Al elegir el nombre de León, evocaba inevitablemente al papa León XIII, que leyó los signos de los tiempos a finales del siglo

XIX y ofreció a la Iglesia una brújula sólida en respuesta a la modernidad. Como dice el refrán, *Nomen est omen* («El nombre revela la misión»). En este caso, se trata de una clara declaración de intenciones.

Con este gesto, León XIV quiso dejar claro desde el principio que su pontificado llevaría adelante una Iglesia comprometida con el diálogo, con la justicia social, atenta a los trabajadores, los pobres, los desplazados y los marginados, y especialmente dispuesta a afrontar los retos actuales. En su discurso del 10 de mayo de 2025 ante el Colegio Cardenalicio, dijo: «En nuestros días, la Iglesia ofrece a todos el tesoro de [su] doctrina social como respuesta a otra revolución industrial y a los avances en el campo de la inteligencia artificial».

Se trata de un pontificado que, al igual que el de su estimado predecesor, no se limitará a preservar, sino a iluminar y acompañar el presente. El nombre de León XIV es una forma de decir al mundo que la Iglesia no se encerrará en sí misma, sino que seguirá adelante, proclamando, escuchando y construyendo caminos de paz y fraternidad. Con este sencillo pero significativo acto de elegir un nombre, el Papa ha sentado las bases de lo que sin duda será un pontificado exigente y profundamente evangélico.

Valentía cristiana

León XIV no es un papa que habla desde la teoría. Su vida pastoral ha estado marcada por la cercanía a los que sufren: en los barrios pobres de Perú, en las localidades de la diócesis de Chiclayo, en las comunidades agustinas repartidas por casi cincuenta países diferentes. Sabe que la fe no elimina el sufrimiento, sino que lo transforma. Y sabe que la valentía cristiana no significa negar la oscuridad, sino caminar con esperanza a través de ella.

En una homilía de agosto de 2024, como obispo, reflexionando sobre el profeta Elías, dijo:

> *Incluso cuando estamos cansados, tal vez sufriendo profundamente, cuando nos sentimos como Elías, diciendo: «Basta, Señor, no puedo más», es entonces cuando el Señor viene a darnos fuerzas y a caminar con nosotros. A veces, nos empuja hacia adelante, nos levanta y nos dice: «Sigue caminando». Una forma en que nos dice que sigamos caminando es cuando estamos reunidos en comunidad. Solos, puede que no lo logremos. Pero si estamos con nuestras hermanas y hermanos, si tenemos amigos, si hemos aprendido a formar una comunidad en la que recibimos apoyo, ánimo y consuelo, entonces reconocemos, como prometió Jesús, que donde dos o tres se reúnen en su nombre, él está verdaderamente entre nosotros.*

Esta no es una forma nueva de pensar para el Papa. Como ha repetido en diversas ocasiones, tanto en Perú como en Roma, la fe no es un escape del sufrimiento, sino un camino de esperanza a través de él. No niega el dolor, sino que le da sentido. León XIV ha subrayado que Dios no siempre elimina las pruebas, pero nos sostiene en ellas. Y la fuerza del creyente no proviene solo de la oración personal, sino también del apoyo de los demás.

Una de las enseñanzas más constantes de León XIV

ha sido la necesidad de caminar juntos en comunidad, con responsabilidad compartida y apoyo mutuo. Quiere que recordemos que la vida cristiana no está destinada a vivirse en aislamiento, y menos aún en tiempos de adversidad.

No estamos solos

No estamos solos. Este es el núcleo del mensaje del papa León XIV. Aunque la historia parezca gobernada por el miedo, el odio o el caos, Dios no abandona ni abandonará a su pueblo. Su presencia se hace visible en la comunidad que reza, que se acompaña y que resiste juntos al mal. Y en esa comunión, el mal pierde fuerza. Porque donde hay amor, donde hay verdad, donde hay fraternidad, el mal retrocede.

León XIV es un papa de los márgenes, no solo geográficos, sino también simbólicos. Desea una Iglesia con amplios horizontes: una Iglesia que no se encierre en la comodidad, sino que se arriesgue en lo que importa. Una Iglesia que defienda los derechos humanos no por ideología, sino por fidelidad al Evangelio. Una Iglesia que acoja la dignidad de cada ser humano, independientemente de su origen, condición o historia. Una Iglesia que crea, de verdad, que cada vida importa.

En su primera homilía como Papa, proclamó:

> *[Hay] contextos en los que no es fácil anunciar el Evangelio y dar testimonio de su verdad, en los que los creyentes son objeto de burlas, oposición, desprecio o, en el mejor de los casos, tolerancia y lástima. Sin embargo, precisamente por eso, [esos]*

son los lugares donde nuestra acción misionera es más necesaria. La falta de fe va a menudo acompañada, de forma trágica, de la pérdida del sentido de la vida, el abandono de la misericordia, violaciones atroces de la dignidad humana, la crisis de la familia y tantas otras heridas que afligen a nuestra sociedad.

Mientras era prefecto del Dicasterio para los Obispos, dijo que la misión de la Iglesia es hacer visible la compasión de Dios, no su juicio, y que la ternura es nuestra profecía más urgente. Esto concuerda con la insistencia de León XIV en que el mal no prevalecerá. No porque no exista o no hiera, sino porque la cruz de Cristo ha revelado que el amor es más fuerte que la muerte. Y en cada gesto de solidaridad, ternura y justicia, irrumpe el reino de Dios.

En sus manos

La convicción de León XIV es que *todos estamos en manos de Dios*. No estamos perdidos. No somos accidentes. Estamos sostenidos por un Dios que acompaña, que sana, que perdona, que fortalece. Un Dios que camina con nosotros, especialmente en los días en que sentimos que no podemos seguir caminando.

El Papa también utilizó más de una vez las palabras «sin miedo» en su primera bendición *Urbi et Orbi*, haciéndose eco de las palabras del papa san Juan Pablo II el día de su elección: «No tengáis miedo». El mundo cambia, pero Dios permanece fiel. Las tormentas pueden sacudirnos, pero no nos hundiremos, porque estamos anclados en el amor de Dios.

Dirigiéndose a los seminaristas, exclamó:

Lo primero que diría son las palabras que Cristo repitió tantas veces en el Evangelio: «No tengáis miedo». El Señor llama, y su llamada es verdadera. No tengáis miedo de decir sí. No tengáis miedo de abrir al menos vuestros corazones y, si queréis, intentad ver si el Señor os llama a la vida religiosa, a la vida agustiniana, al sacerdocio o a otras formas de servicio en la Iglesia...Cuando era novicio, un fraile mayor que vino a visitarnos dijo algo que aún resuena en mí: «Perseverad». Debemos rezar por la perseverancia, porque ninguno de nosotros está libre de momentos difíciles, ya seamos casados, solteros o agustinos. No podemos rendirnos ante la primera dificultad, porque —y esto es importante— nunca llegaremos a ninguna parte en la vida. La perseverancia es un gran don que el Señor está dispuesto a concedernos. Pero debemos aprender a recibirlo y a hacerlo parte de nuestra vida, para ser fuertes. Es uno de esos dones que crece con el tiempo, a través de las pequeñas pruebas del principio, que nos ayudan a hacernos más fuertes, capaces de llevar la cruz cuando se hace más pesada. Es lo que nos permite seguir adelante.

En un tiempo tan lleno de desesperación, León XIV recuerda al mundo que la fe no es una huida, sino perseverancia y compromiso. Que la oración no es pasividad, sino fuente de resistencia. Y que la Iglesia tiene una misión urgente: proclamar que sí, que el mal existe, pero *no prev-*

alecerá. Porque Cristo ha resucitado. Y nosotros estamos, ahora y siempre, en sus manos.

Sostenidos por un amor fiel

La certeza de que estamos en manos de Dios no es solo un consuelo o una distracción del sufrimiento; es una convicción profunda que impregna toda la vida cristiana: nada, ni siquiera el dolor, el fracaso o la muerte, puede separarnos del amor fiel de Dios. Como proclama con fuerza san Pablo en su carta a los romanos: «¿Qué nos separará del amor de Cristo? ¿La angustia, la aflicción, la persecución, el hambre, la desnudez, el peligro o la espada? [...] No, en todas estas cosas somos más que vencedores por medio de aquel que nos amó» (Romanos 8, 35. 37).

El papa León XIV retoma esta certeza apostólica y la ofrece al pueblo de Dios como un faro en tiempos de incertidumbre. El mundo cambia, a veces a un ritmo que parece abrumador, pero Dios no se retira ni se cansa. Al contrario, permanece. Permanece cerca y permanece fiel.

Este anclaje espiritual tiene consecuencias muy concretas. Las personas que creen que son las manos de Dios pueden vivir con confianza, incluso en medio de la tormenta; pueden seguir caminando, incluso sobre terreno inestable; y pueden perdonar, levantarse y arriesgarse, porque saben que no están solas.

El Papa ha repetido muchas veces que la fe no nos libra del sufrimiento, pero nos da la certeza de una Presencia que no abandona. Durante sus años como obispo en Perú, fue testigo de cerca del dolor de las comunidades golpeadas por la pobreza y la violencia, pero también vio cómo su fe las sostenía a través de ese Dios silencioso pero firme, que consuela sin fanfarria y da fuerzas a quienes no las tienen.

Esta creencia no surge del mero optimismo, sino de la confianza teológica en que Dios es más grande que el mal, más fuerte que el miedo y más fiel que nuestros fracasos. San Agustín, con la sabiduría del converso, lo expresó así en sus Confesiones: «Tú me sostenías con más fuerza que yo a mí mismo».

León XIV nos invita hoy a recuperar esa confianza en que no estamos solos, no estamos perdidos y no estamos condenados a ir a la deriva. Estamos sostenidos, somos vistos y acompañados. Y si Dios es nuestro fundamento, entonces todo, incluso las pruebas más duras, puede transformarse en un camino de esperanza que conduce a Él.

Capítulo 5

Jesús, el Buen Pastor

*«Yo soy el Buen Pastor. El Buen Pastor
da su vida por sus ovejas».»*
Juan 10, 11

*«Cristo resucitado, el Buen Pastor
que dio su vida por el rebaño de Dios».*

Un estilo pastoral

«Cristo resucitado, el Buen Pastor que dio su vida por el rebaño de Dios». Estas fueron algunas de las primeras palabras que León XIV pronunció como papa. Desde el principio, quiso recordar una de las imágenes más poderosas y tiernas del Evangelio. Jesús es el Buen Pastor no solo porque guía, sino porque conoce a cada uno de los suyos, cuida de ellos, los protege y está dispuesto a dar su vida por ellos. En el título de «buen pastor» se resume gran parte de la espiritualidad, el enfoque pastoral y la misión de toda la vida de León XIV.

Desde sus primeros años como fraile agustino en Chicago hasta su labor misionera en Trujillo, su episcopado en Chiclayo y su servicio en el Vaticano, la imagen del Buen Pastor ha sido el modelo concreto de vida eclesial de Robert Francis Prevost. Esta imagen no es un ideal abstracto, sino una forma real de ser pastor en medio del pueblo: un pastor que escucha, se conmueve por el sufrimiento de los demás, acompaña con paciencia y nunca abandona a los heridos.

Mientras era prefecto en Roma, dijo: «Un elemento fundamental de la identidad del obispo es ser pastor, capaz de estar cerca de todos los miembros de la comunidad, empezando por los sacerdotes, para quienes el obispo es padre y hermano. Vivir esta cercanía con todos, sin excluir a nadie».

En otra ocasión, también dijo: «Ser Buen Pastor significa ser capaz de acompañar al pueblo de Dios y vivir cerca de él, no aislado. El papa Francisco lo ha dejado muy claro en numerosas ocasiones. No quiere obispos que vivan en palacios. Quiere obispos que vivan en relación con Dios, con otros obispos, con los sacerdotes y, sobre todo, con el pueblo de Dios, de una manera que refleje la compasión y el amor de Cristo, construyendo comunidad, aprendiendo a vivir lo que significa formar parte de la Iglesia de una manera integral que incluye mucho escuchar y dialogar».

En varias ocasiones, especialmente cuando habla del ministerio episcopal, ha destacado el símbolo del báculo, o cayado pastoral. A menudo pasado por alto, el báculo adquiere aquí un poderoso valor simbólico. Esa suave curva al final del bastón no es ornamental, sino un signo de atención y cuidado, que sirve para traer de vuelta con delicadeza a los que se han desviado, como un pastor que atrae a una oveja perdida para que ninguna se quede atrás. «El obispo debe reconocer que está llamado a servir, a acercarse a la gente y a buscar a los que están un poco perdidos. Siempre recuerdo la imagen del báculo pastoral del obispo, que a menudo tiene ese gancho curvado, porque el obispo a veces debe caminar delante para guiar, a veces caminar con la gente y a veces quedarse atrás para empujar suavemente a los que se quedan atrás. En pocas palabras, el obispo debe estar con el pueblo: escuchando, conociendo su realidad, abriendo los ojos al sufrimiento de tantas personas y comunidades, y haciendo todo lo posible por estar con ellos, compartir la fe y anunciar a Jesucristo en el mundo y, en este sentido, animar con esperanza al pueblo de Dios allí donde te encuentres».

Ser Buen Pastor también significa ser firme en ocasiones, como cuando se apoya a los débiles o se protege a los indefensos. Esta concepción del ministerio pastoral ha marcado la formación de los sacerdotes de León XIV, su cercanía a las comunidades rurales y su participación diaria en la vida parroquial. En una entrevista con su orden, dijo: «Por lo tanto, el obispo debe tener muchas habilidades. Debe saber gobernar, administrar, organizar y relacionarse con las personas. Pero si tuviera que nombrar una cualidad por encima de todas las demás, sería esta: debe anunciar a Jesucristo y vivir la fe de tal manera que los fieles vean en su testimonio un estímulo para participar más activamente en la Iglesia que Cristo mismo fundó. En última instancia, el objetivo es ayudar a las personas a conocer a Cristo a través del don de la fe».

Jesús nunca abandona a su rebaño

Durante su ministerio en Perú, la pastoral de León XIV se hizo patente en sus visitas a comunidades remotas, en las celebraciones en lugares de difícil acceso y en el diálogo constante con los laicos, los religiosos y los agentes pastorales. En un mensaje a los catequistas de la diócesis de Chiclayo, escribió: «Jesús nunca abandona a su rebaño. Y nosotros no podemos abandonar a los que nos han sido confiados. Ser pastor es llevar a los demás, caminar con ellos, no desde una posición de poder, sino con ternura».

Esta ternura pastoral no es debilidad, es fuerza evangélica. Es la fuerza de quien cuida, de quien vela, de quien muestra compasión. Un Buen Pastor no actúa por miedo o por juicio, sino por amor incondicional. Y esa es también la llamada de la Iglesia: reflejar el corazón de Jesús, el Buen Pastor, en medio de un mundo fragmentado donde tantos se sienten dispersos, perdidos o rechazados.

León XIV expresó en su mensaje inaugural que la Iglesia es el rebaño de Dios. La Iglesia es también la casa de Dios, su escuela de misericordia y su taller de comunión. Solo podemos ser testigos creíbles del Evangelio si reflejamos el corazón del Buen Pastor que conoce, cuida y da su vida por sus ovejas.

Con ese mismo espíritu, la visión pastoral del Papa insiste en un modelo de Iglesia que acompaña en lugar de condenar, que acoge en lugar de excluir, que guía sin imponer. Una Iglesia que se acerca, como el pastor con «olor a oveja», como repetía a menudo el papa Francisco. A lo largo de su vida religiosa, Robert Prevost no solo ha predicado este enfoque, sino que lo ha vivido entre los campesinos, los migrantes, los enfermos, los jóvenes y aquellos que sienten que ya no tienen cabida en la Iglesia.

Sabemos que Jesús, el Buen Pastor, no solo guía, sino que también busca y lleva. Él consuela y da su vida. En ese modelo, León XIV encuentra su horizonte espiritual y su tarea cotidiana: reflejar en su ministerio petrino no la figura de un administrador o juez, sino la de un pastor cuyo corazón está en Cristo.

Esto es lo que el Papa pide también a todos los bautizados. En la Iglesia, todos nosotros, cada uno según su vocación, estamos llamados a ser pastores los unos de los otros, cuidándonos, buscándonos, apoyándonos y amándonos unos a otros. Este es el verdadero rostro de una Iglesia sinodal, evangélica y viva. Esta es la Iglesia del Buen Pastor.

El Buen Pastor da su vida por las ovejas

«Yo soy el Buen Pastor. El Buen Pastor da su vida por las ovejas» (Juan 10, 11). En medio de las tensiones globales actuales, marcadas por la guerra, la desigualdad, la soledad y la desconfianza, el papa León XIV ha elegido volver, como ya se ha mencionado, a una de las imágenes más antiguas y queridas del Evangelio: Jesús como el Buen Pastor. Esta imagen, tan familiar para los primeros cristianos y tan profundamente arraigada en la espiritualidad de la Iglesia, no es solo un símbolo. Es una forma de vida y una clave para comprender el corazón mismo de Dios y la misión de quienes le sirven.

Jesús no se presenta como un pastor cualquiera. Él conoce a sus ovejas y ellas le conocen a él. «Yo soy el buen pastor, y conozco a las mías, y las mías me conocen, como el Padre me conoce y yo conozco al Padre; y daré mi vida por las ovejas» (Juan 10, 14-15).

El «conocer» del que habla Jesús no es intelectual, sino íntimo, tierno y amoroso. Es el conocimiento de quien ha entrado en la vida del otro, de quien se ha convertido en compañero de camino. Jesús no guía desde lejos, sino que está cerca. Va delante para guiar, camina al lado para acompañar y se queda atrás para recoger a los que se han quedado atrás, tal como ha subrayado León XIV.

Esta visión pastoral del liderazgo, en términos actuales, resuena profundamente en los antiguos escritos de san Agustín de Hipona, en cuyo ejemplo se inspira el papa León XIV y cuya forma de pensar conoce bien el papa. Es una autoridad que no domina, sino que acompaña. Es una Iglesia que no existe para sí misma, sino que se entrega en amor.

Hoy, más que nunca, es urgente seguir el ejemplo del Buen Pastor. La Iglesia debe reflejar ese rostro de Cristo: compasivo, atento, humilde y firme. Todo obispo, todo cristiano, está llamado a vivir este tipo de servicio en la vida real de las personas: visitando hogares, escuchando las penas, celebrando las esperanzas, denunciando las injusticias y abriendo caminos de reconciliación.

En el fondo, ser Buen Pastor es vivir como vivió Jesús, con los pies polvorientos por el camino y el corazón ardiente de amor. Solo así el pastor reconocerá al rebaño y, lo que es más importante, el rebaño reconocerá en él la voz del Único Pastor.

Capítulo 6

Ser misioneros

*«[Los discípulos] salieron y predicaron
por todas partes, mientras el Señor trabajaba
con ellos y confirmaba la palabra
con los signos que la acompañaban.»*

Marcos 16:20

*«Fieles a Jesucristo, para anunciar el Evangelio
sin miedo, para ser misioneros».*

El Evangelio se anuncia con valentía

El Evangelio no es algo que se guarda, es algo que se anuncia. Y se anuncia no con miedo, sino con valentía; no desde la comodidad, sino desde el compromiso; no solo a algunos, sino a todos.

Durante más de dos décadas, exactamente veintitrés años, en diferentes momentos, Robert Francis Prevost fue misionero en Perú: primero, en la misión de Chulucanas, Piura (1985-1986), y luego en Trujillo, donde fue prior de comunidad (1988-1992), director de formación (1988-1998) e instructor de frailes profesos (1992-1998). En la archidiócesis de Trujillo, fue vicario judicial (1989-1998), así como profesor de Derecho Canónico, Patrística y Teología Moral en el seminario mayor de San Carlos y San Marcelo.

Más tarde, en 2014, el papa Francisco nombró a Prevost administrador apostólico de la diócesis de Chiclayo (Perú) y obispo de la diócesis titular de Sufar, para lo cual fue ordenado el 12 de diciembre, fiesta de Nuestra Señora de Guadalupe. Posteriormente, en septiembre de 2015, fue nombrado obispo de Chiclayo. En este cargo, fue testigo de primera mano de la pobreza, la violencia social y el abandono institucional, así como de la fe viva del pueblo, la solidaridad de las comunidades y el poder transformador del Evangelio. Su etapa como obispo de Chiclayo, desde 2015 hasta 2023, marcó profundamente su espiritualidad y su visión de la Iglesia.

El papa León XIV insiste constantemente en que toda renovación pastoral debe partir de una única fuente: el encuentro con Jesucristo. Como ha escrito a menudo en sus cartas y predicado en sus homilías, debemos conocer a

Jesús para darlo a conocer, y debemos vivir en comunión con él para poder anunciarlo con autenticidad. En varias ocasiones, el Papa ha subrayado que el Evangelio no es un conjunto de ideas, normas o rituales. Es una persona viva. Y una vez que las personas encuentran a esa persona, no pueden guardársela para sí mismas.

El papa León XIV define el núcleo de la misión cristiana afirmando que anunciar el Evangelio no es difundir una doctrina, sino compartir una experiencia. Evangelizar es dar testimonio de un encuentro que ha cambiado la vida. No se trata tanto de hablar de «algo», sino de «alguien». Jesús no es una figura del pasado, ni un modelo abstracto, sino una presencia real que camina con nosotros, nos transforma y nos envía.

Aunque la sociedad actual parece cada vez más secularizada e incrédula, los grandes retos de la Iglesia no han cambiado en dos mil años. La misión que Cristo confió a sus discípulos sigue siendo la misma: «Id, pues, y haced discípulos a todas las naciones, bautizándolos en el nombre del Padre, y del Hijo, y del Espíritu Santo, enseñándoles a guardar todo lo que os he mandado» (Mateo 28, 19-20). Esta es la raíz de toda actividad misionera y el corazón del mandato evangélico que nunca pierde relevancia, independientemente de los cambios culturales o tecnológicos. Más allá de las diferencias culturales, lingüísticas o sociales que conforman las comunidades del mundo, la Iglesia se enfrenta a un mismo reto: proclamar a Jesucristo y extender su evangelio.

Durante su etapa como prior general de los agustinos, aprendió a vivir y a valorar la catolicidad de la Iglesia: su universalidad, la diversidad de sus rostros y la riqueza de sus contextos. «Italia, España, Estados Unidos, Perú o China, por ejemplo, pueden tener prioridades pastorales muy diferentes, pero todas comparten la misma llamada: llevar el evangelio a todos los rincones del corazón humano. El reto no cambia, aunque cambien los métodos. La clave está en equilibrar la fidelidad y la creatividad: la fidelidad al mensaje eterno del evangelio y la creatividad pastoral para anunciarlo de forma comprensible, encarnada y cercana a cada contexto específico».

«Reconocer la diversidad del pueblo de Dios —dijo— no es un obstáculo, sino una oportunidad para enriquecer la misión. Nos ayuda a llegar a las personas de manera más eficaz y a responder con mayor sensibilidad y fuerza a lo que la Iglesia está llamada a hacer hoy».

En resumen, lo esencial permanece inalterable: Jesucristo sigue siendo el centro y el anuncio de su reino es la tarea más urgente de la Iglesia. Los idiomas cambiarán, las estrategias cambiarán y los contextos cambiarán, pero la Buena Nueva es siempre la misma y sigue necesitando testigos valientes que la vivan y la compartan con alegría.

La proclamación del Evangelio comienza, pues, en la vida del creyente. No se trata de tener todas las respuestas ni de imponer normas, sino de haber sido tocados por el amor de Cristo y querer que los demás también lo conozcan. Es una respuesta natural a la alegría de saber que uno es amado y salvado.

Siguiendo los pasos del papa Francisco y de tantos evangelizadores de corazón humilde, León XIV insiste en que la Iglesia debe recuperar la frescura del primer anuncio de la Buena Nueva, el *kerygma*, como lo llamaban los apóstoles. Como destacó el papa Francisco: «Jesucristo te ama; ha dado su vida por ti y ahora está a tu lado cada día para iluminarte, fortalecerte y liberarte» (*Evangelii Gaudium*, 164).

Desde esta perspectiva, la evangelización no es una tarea reservada a unos pocos, sino la vocación de todo bautizado. Todo cristiano está llamado a ser portador de esperanza, mensajero de la Buena Nueva que hay que compartir. León XIV lo vivió así desde el inicio de su vocación misionera en Perú, atravesando montañas y ríos a caballo o en mula para llegar a zonas remotas donde Cristo aún no había sido anunciado. No llegó con discursos pulidos, sino con amistad, disposición a escuchar y la convicción de que Cristo está vivo y quiere encontrarse con todos.

Cuando el Evangelio se anuncia con verdad, despierta la libertad. No oprime, no controla, no aplasta; libera, eleva y sana. Recordad que el Evangelio no es una ideología ni un sistema de ética; es el amor personal de Dios, que nos busca a cada uno por nuestro nombre y nos permite responderle libremente.

Cuando alguien ha recibido ese amor, no puede evitar compartirlo. Pensad en los discípulos en el camino de Emaús, que, después de reconocer a Jesús en el partimiento del pan, corrieron a anunciarlo. Así también, dice León XIV, estamos llamados a vivir como una Iglesia que camina, encuentra y anuncia.

Justicia social y derechos humanos

La misión no puede separarse de la justicia. En Perú, marcado por profundas desigualdades y heridas históricas, León XIV defendió firmemente los derechos humanos, especialmente en tiempos de agitación social. Facilitó el diálogo, denunció la violencia y la corrupción, y trabajó constantemente para que la Iglesia siguiera siendo un espacio de acogida, paz y dignidad. En 2020, en medio de la crisis política y sanitaria del país, escribió: «Como Iglesia, no podemos permanecer al margen del sufrimiento del pueblo. Nuestra misión es proclamar a Cristo, sí, pero también defender la vida, cuidar a los pobres y proteger a los vulnerables. El Evangelio exige justicia».

Su compromiso no era ideológico, sino evangélico. No buscaba protagonismo, sino coherencia con la fe. En cada gesto, trataba de mostrar que la misión no se limita a la proclamación verbal, sino que incluye la acción transformadora de la caridad y la justicia.

Desde sus primeros días como papa, Leo XIV expresó su profunda preocupación por las injusticias que afligen a los más vulnerables, inspirándose en el papa León XIII. En su primera reunión con los cardenales tras el cónclave, destacó la importancia de continuar el legado espiritual del papa Francisco, especialmente su ejemplo de dedicación a los más vulnerables y su valiente compromiso con el mundo contemporáneo.

Otra de las prioridades pastorales de León XIV es la situación de los migrantes. El arzobispo Gustavo García-Siller, de San Antonio, Texas, expresó públicamente su esperanza de que el Papa sea una voz firme en la defensa de la dignidad de quienes se ven obligados a abandonar su patria. Esta perspectiva, profundamente arraigada en el Evangelio, refleja la continuidad con la doctrina social de la Iglesia, que no busca imponer soluciones, sino acompañar los procesos y responder a los retos actuales con creatividad fiel.

Atención a las periferias

La experiencia latinoamericana de Prevost le dotó de una profunda sensibilidad hacia las periferias, tanto geográficas como existenciales. Visitaba a menudo las comunidades más remotas, celebraba con los campesinos, escuchaba a los migrantes y hablaba con los jóvenes y las familias afectadas por la pobreza. Pero, para él, no hay lugares «periféricos» en el corazón de la Iglesia; todos están en el centro cuando son amados por Cristo.

En sintonía con el papa Francisco, León XIV ha insistido en que el futuro de la Iglesia pasa por estas periferias. Allí se renueva la fe, se purifica la visión y se reaviva el sentido de la misión. Durante una visita a una parroquia rural, León afirmó que ningún lugar está demasiado lejos para merecer un pastor, y que nadie está demasiado quebrantado para ser acogido por el Evangelio.

Con estas palabras, el papa León XIV trazó una de las líneas maestras de su pontificado: la atención a las periferias, al igual que su predecesor. Pero no se refiere solo a lugares geográficamente distantes. Se refiere sobre todo a aquellas realidades humanas que a menudo se ignoran o se marginan: la soledad, el sufrimiento silencioso, la pobreza, la duda, el pecado, la desesperación.

La misión de la Iglesia no puede limitarse a espacios seguros o predecibles. El verdadero evangelio, como ya ha afirmado el papa Francisco, se vive en la calle, en el encuentro real con los marginados. León XIV, cuya sensibilidad pastoral quedó profundamente marcada por sus años en América Latina, comprende que las periferias no son solo zonas de necesidad, sino también lugares de revelación. Allí se revela el rostro de Cristo en los rostros de los pobres, los excluidos, los que «no cuentan», una verdad que al mundo actual le cuesta aceptar.

Durante su episcopado en Chiclayo, el obispo Prevost visitó incansablemente las zonas rurales más remotas, donde la presencia de un pastor se vivía como una bendición inesperada. Se puso a disposición de la gente en comunión y compasión. Proclamó el evangelio con palabras, pero también con la presencia silenciosa y misericordiosa que acompaña, escucha y sostiene. Ese estilo pastoral, marcado por la ternura y la fidelidad, le ha acompañado desde entonces.

Bajo la guía del papa León XIV, la Iglesia está llamada a acoger las periferias. Todas las historias humanas, incluso las más marcadas por las heridas o el pecado, tienen un lugar en el corazón de Dios, lo que significa que tienen un lugar en el corazón de la Iglesia. No es en el poder, sino en la fragilidad, donde se manifiesta el reino de Dios. Y eso es lo que proclama con claridad León XIV.

Él encarna este espíritu en un mundo en el que muchos han sido heridos, a veces por la indiferencia social, a veces por la exclusión y, con frecuencia, por la propia Iglesia. Para él, el pastor no se pregunta si alguien merece ser escuchado o ayudado. Simplemente se acerca, con la ternura de Cristo, que cura, restaura y devuelve la dignidad. Porque el Evangelio no teme el polvo del camino y no se escandaliza por las heridas humanas. Al contrario, es precisamente allí donde se revela su poder transformador.

Sin miedo

La misión requiere valentía, y Robert Francis Prevost lo ha demostrado con su vida. Ha cruzado fronteras, aprendido idiomas y acompañado realidades muy diferentes —culturales, sociales, espirituales— repitiendo con firmeza: «sin miedo». El miedo paraliza, divide y silencia; la fe impulsa, une, envía y expulsa el miedo.

Por eso, la llamada de León XIV a ser misioneros no es solo una exhortación o una sugerencia, sino la afirmación de una vocación esencial para toda la Iglesia. Anunciar el Evangelio hoy significa asumir riesgos, salir al encuentro de los demás y entrar en la incomodidad. Pero también significa abrirnos a la alegría más grande: descubrir que Cristo camina con nosotros y que con él todo es posible.

«No temáis», repetía Jesús a sus discípulos. Hoy lo repite a través de la voz del papa León XIV, que invita incansablemente a la Iglesia a salir, a arriesgarse, a confiar. No hay heridas demasiado profundas, ni periferias demasiado lejanas, ni injusticias demasiado grandes que Dios no pueda transformar. Pero esa transformación comienza cuando sus discípulos se ponen en marcha, sin miedo. En su primer *Regina Caeli*, León XIV implora: «Y a los jóvenes les digo: ¡No tengáis miedo! ¡Aceptad la invitación de la Iglesia y de Cristo Señor!».

El Evangelio no está destinado a permanecer seguro en las estanterías ni a ser recitado desde lugares cómodos. Está destinado a ser llevado a las fronteras del sufrimiento humano, donde hay sed de esperanza y de verdad. Una fe valiente es lo que debe impulsar a la Iglesia; una fe que no se queda atrapada por el miedo, sino que sale al encuentro del otro en todo el mundo.

A veces el camino es incierto, los recursos son escasos y las condiciones son hostiles, pero no estamos solos. Como nos recuerda el Salmo 23, 4: «Aunque camine por el valle de la sombra de la muerte, no temeré ningún mal, porque tú estás conmigo; tu bastón y tu cayado me confortan».

León XIV comenzó su pontificado con una invitación clara y decidida a toda la Iglesia: no os dejéis paralizar por el miedo; confiad, avanzad, acoged. Porque Dios sigue actuando, sigue llamándonos y sigue caminando con nosotros. Él escucha los gritos del pueblo y ve las lágrimas de los olvidados.

Y es aquí, en medio de un mundo herido, donde la Iglesia redescubrirá su alegría más profunda al darse cuenta de que el Evangelio sigue siendo Buena Nueva para todos, especialmente —y sobre todo— para los más pequeños, los amados de Dios.

En su homilía del 9 de mayo de 2025, en la *Missa pro Ecclesia* con los cardenales en la Capilla Sixtina, León XIV destacó:

> *Aún hoy, hay muchos contextos en los que la fe cristiana se considera absurda, destinada a los débiles y a los poco inteligentes. Entornos en los que se prefieren otras seguridades, como la tecnología, el dinero, el éxito, el poder o el placer. Son contextos en los que no es fácil predicar el Evangelio y dar testimonio de su verdad, en los que los creyentes*

son objeto de burlas, oposición, desprecio o, en el mejor de los casos, tolerancia y lástima. Sin embargo, precisamente por eso, son lugares en los que nuestra labor misionera es tan necesaria.

Siempre misioneros

Ser misionero es una vocación permanente que se adapta a los tiempos y a los lugares, pero que siempre se define por anunciar a Cristo, servir al pueblo de Dios y caminar junto a los demás. En una entrevista con el periodista vaticano Andrea Tornielli, poco después de ser nombrado prefecto del Dicasterio para los Obispos, el arzobispo Prevost compartió con sencillez y convicción:

> *Sigo considerándome un misionero. Mi vocación, como la de todo cristiano, es ser misionero, anunciar el Evangelio allí donde me encuentre. Sin duda, mi vida ha cambiado mucho: tengo la oportunidad de servir al Santo Padre, de servir a la Iglesia hoy, aquí, desde la Curia Romana. Es una misión muy diferente a la anterior, pero también una nueva oportunidad de vivir una dimensión de mi vida que siempre ha significado simplemente decir «sí» cuando se me ha pedido que sirva. Con este espíritu, terminé mi misión en Perú, después de ocho años y medio como obispo y casi veinte como misionero, para comenzar una nueva en Roma.*

Estas palabras resumen claramente el hilo conductor de la vida de Leo XIV: disponibilidad incondicional, fidelidad serena a la llamada del Señor y una profunda comprensión de que ser misionero no es una función, sino una identidad. No se trata simplemente de ir a un país lejano o de vivir en condiciones difíciles —aunque él lo hizo durante décadas—, sino de vivir el Evangelio entregándose continuamente allí donde la Iglesia lo necesita. Y ese espíritu de disponibilidad le llevó de las calles del norte de Perú a los salones del Vaticano con el mismo estilo pastoral. A lo largo de su camino, León XIV nunca buscó el cargo, pero lo aceptó con obediencia. Nunca buscó la visibilidad, pero se le asignaron funciones clave.

Nunca dejó de recordar a los demás que todo ministerio es, en el fondo, una forma de misión. Y su estilo pastoral —como obispo, prefecto y ahora papa— refleja esa misma convicción: dondequiera que se deba anunciar el Evangelio, hay una misión que vivir. Esta dimensión misionera también configura su comprensión de la Iglesia: una Iglesia que sale, como pidió el papa Francisco, una Iglesia que no se cierra sobre sí misma, sino que se entrega.

Para León XIV, un misionero es alguien que no solo cruza las fronteras geográficas, sino que, sobre todo, se atreve a cruzar las fronteras interiores, como el miedo, los prejuicios, el conformismo y la comodidad. Es alguien que, movido por el Evangelio, se deja a sí mismo para encontrarse con los demás con humildad, respeto y la alegría de quien ha sido tocado por la gracia. Ser misionero no es un papel para unos pocos, sino una llamada universal, una vocación que nos llama a ser prójimo, a tender la mano y a compartir la vida con toda la Iglesia.

Poco antes de ser nombrado cardenal, el obispo Prevost afirmaba:

Debemos proclamar la Buena Nueva del reino de Dios, incluso cuando entendemos a la Iglesia en su realidad universal. Esto es algo que aprendí como prior general de los agustinos y que, sin duda, ha sido una gran preparación para el papel que ahora desempeño. Hay muchas culturas diferentes, muchos idiomas diferentes, muchas circunstancias diferentes en todo el mundo a las que la Iglesia está llamada a responder.

Esa misión, tan antigua como el Evangelio, es la que León XIV ha querido proclamar con valentía desde el comienzo de su ministerio como sucesor de Pedro, sabiendo que hoy la proclamación de la fe también debe estar presente en los nuevos territorios de la cultura digital.

León XIV es, en muchos sentidos, el papa de una nueva era: la era tecnológica o, más precisamente, la era de la inteligencia artificial. No te dejarás arrastrar por la tecnología sin discernimiento, sino que la utilizarás con sabiduría evangélica. Porque en cada innovación, en cada avance, siguen resonando las mismas preguntas: ¿Dónde está la humanidad? ¿Dónde está Dios? ¿Y quién escuchará los gritos de los más pequeños en este mundo hiperconectado y tan a menudo deshumanizado?

Capítulo 7

Una Iglesia sinodal

«Velad por vosotros mismos y por todo el rebaño en el que el Espíritu Santo os ha puesto como supervisores, en el que
Hechos 20, 28

«A todos vosotros... en todo el mundo: queremos ser una Iglesia sinodal, una Iglesia que avanza».

Comunión, escucha y conversión

Pocos conceptos han cobrado tanta importancia en la vida eclesial del siglo XXI como la *sinodalidad*. Y pocos la han encarnado con tanta coherencia y profundidad como Robert Francis Prevost, ahora papa León XIV.

Mucho antes de ascender al papado, su experiencia vivida como misionero, pastor y formador le enfrentó a los retos de una Iglesia llamada a caminar juntos, a escuchar al Espíritu y a discernir colectivamente el camino del Evangelio. «El Espíritu nos precede, supera nuestras expectativas y nos llama a la escucha mutua», afirmó como prefecto del Dicasterio para los Obispos durante el Sínodo sobre la Sinodalidad celebrado en Roma en 2023.

En una entrevista concedida a *Vatican News* durante el Sínodo, el cardenal Prevost subrayó que el proceso «representa una profunda invitación a la conversión personal y comunitaria dentro de la Iglesia». Hizo hincapié en que el Sínodo no es simplemente una asamblea, sino «una experiencia viva de escucha, diálogo y discernimiento», e insistió en que «caminar juntos es la esencia misma de lo que significa ser Iglesia».

Sus ideas brotan de una profunda convicción teológica y espiritual que se remonta a los primeros días del cristianismo: el pueblo de Dios está llamado a caminar en unidad, con responsabilidad compartida, en oración y apertura al Espíritu. Para el papa León XIV, la sinodalidad no es un método, es una forma de ser. Una forma de vivir en comunión eclesial y encuentro en medio de la diversidad. Un testimonio profético de unidad en un mundo desgarrado por la división. Una Iglesia que escucha al Espíritu Santo.

Así lo explicaba en una entrevista concedida a Vatican Media en mayo de 2023, tras ser nombrado prefecto del Dicasterio para los Obispos a principios de ese año:

Creo sinceramente que el Espíritu Santo está muy presente en la Iglesia en este momento y nos empuja hacia la renovación. Por lo tanto, estamos llamados a una gran responsabilidad: vivir lo que yo llamo una «nueva actitud». No se trata solo de un proceso. No se trata simplemente de cambiar procedimientos o de celebrar más reuniones antes de tomar una decisión. Es mucho más. Y esto es también lo que causa cierta dificultad, porque en el fondo debemos ser capaces de escuchar ante todo al Espíritu Santo y lo que Él pide a la Iglesia.

En la misma entrevista, ofreció la siguiente orientación para recorrer este camino:

Debemos ser capaces de escucharnos unos a otros, de reconocer que no se trata de discutir una agenda política o de promover temas favoritos. A veces la gente reduce todo a una votación para decidir qué vamos a hacer a continuación. Pero se trata de algo mucho más profundo: se trata de aprender a escuchar verdaderamente al Espíritu Santo y al espíritu de búsqueda de la verdad que vive en la Iglesia.

Debemos pasar de una experiencia en la que la autoridad habla y eso es todo, a otra en la que valoramos los carismas, los dones y los ministe-

rios dentro de la Iglesia. El ministerio episcopal es un servicio importante, sí, pero debe ponerse al servicio de la Iglesia en este espíritu sinodal, que simplemente significa caminar juntos, todos nosotros, y buscar juntos lo que el Señor nos pide en este momento.

Liderazgo episcopal

León XIV es un hombre profundamente arraigado en el espíritu del Concilio Vaticano II. Lo dejó claro en su primera homilía como papa, en la que citó varios documentos conciliares y destacó la centralidad de una Iglesia que camina en unidad. Como hemos visto, la sinodalidad no es para él una moda pasajera ni una estrategia, sino una dimensión constitutiva de la Iglesia, que exige una renovación del liderazgo episcopal.

El obispo, afirma, debe estar ante todo cerca del pueblo, atento a sus necesidades reales, presente en sus alegrías y en sus penas. «Un obispo debe comprometerse con el sufrimiento de las personas», dijo, «y estar dispuesto a compartir la fe y anunciar a Cristo con esperanza y cercanía».

Ha reflexionado a menudo sobre esto, subrayando que el papel del obispo es ser servidor de la unidad eclesial, especialmente en un momento marcado por la tensión y la polarización. En este sentido, ha afirmado que los tres principios rectores del proceso sinodal —participación, comunión y misión— constituyen el camino correcto. En la entrevista mencionada anteriormente, concedida a Vatican Media en mayo de 2023, dijo lo siguiente:

> *El obispo está llamado a este carisma para vivir el espíritu de comunión, para promover la unidad dentro de la Iglesia y con el Papa. Esto es también lo que significa ser católico, porque sin Pedro, ¿dónde está la Iglesia?*
>
> *Jesús rezó «para que todos sean uno» (Juan 17, 21). Y es esta unidad la que queremos ver en la Iglesia. Hoy, la sociedad y la cultura nos alejan de lo que Jesús quiere para nosotros, y eso causa un gran daño. La falta de unidad es una herida, una herida dolorosa, para la Iglesia. La división y la controversia no ayudan a nadie. Nosotros, los obispos, en particular, debemos acelerar el movimiento hacia la unidad, hacia la comunión en la Iglesia.*

En consonancia con esta visión, León XIV ha reconocido el papel fundamental de las conferencias episcopales en el camino sinodal. Aunque la estructura y el contexto de cada conferencia varían, todas se centran en adoptar la lógica de la comunión. Algunas conferencias incluyen prácticas como la «conversación en el Espíritu», que permite el discernimiento colectivo a través de la escucha profunda y la apertura espiritual. Esta dinámica no solo fortalece la fraternidad episcopal, sino que también fomenta un servicio pastoral más fiel y accesible a las iglesias locales.

¿La polarización, un signo de heridas más profundas?

Antes de su elección como papa, el cardenal Robert Francis Prevost se pronunció en contra de la polarización tanto dentro de la Iglesia como en el mundo en general. En su opinión, las divisiones internas no son meras discrepancias teológicas o pastorales, sino síntomas de heridas más profundas que reflejan amplias tensiones sociales, culturales e ideológicas. Lo reconoció con claridad: «La polarización no es un fenómeno exclusivo de la Iglesia, sino una realidad presente en muchas sociedades».

Sin embargo, subrayó que la Iglesia no puede permitirse reproducir estas mismas dinámicas. La misión de la Iglesia es todo lo contrario: convertirse en un lugar de reconciliación, escucha mutua y diálogo auténtico. La comunidad cristiana no está llamada a ser un espacio donde se avivan los conflictos, sino donde las personas aprenden a apreciar la diversidad y a construir juntas.

En este contexto, ha defendido firmemente que el proceso sinodal representa una gran oportunidad. «El sínodo es una invitación a superar la polarización y a promover espacios de encuentro, escucha y comprensión mutua en el espíritu del Evangelio», ha dicho y reiterado durante su participación en la asamblea sinodal.

Cuando fue nombrado cardenal, volvió a insistir en que encontrar la armonía en la diversidad es un reto:

Especialmente cuando la polarización se ha convertido en la norma en una sociedad que, en lugar de buscar la unidad como principio fundamental, oscila de un extremo a otro. Las ideologías han llegado a tener más poder que la experiencia vivida de la humanidad, de la fe, de los valores que encarnamos. Algunos confunden la unidad con la uniformidad: «Debes ser como nosotros». No. Eso no puede ser.

Tampoco podemos entender la diversidad como una forma de vivir sin criterios ni orden. Ese enfoque pasa por alto el hecho de que, desde la creación misma del mundo —el don de la naturaleza, el don de la vida humana, el don de tantas cosas diferentes que realmente vivimos y celebramos—, nada de ello puede sostenerse inventando mis propias reglas y haciendo las cosas a mi manera. Se trata de posiciones ideológicas. Cuando la ideología se convierte, por así decirlo, en la dueña de mi vida, ya no puedo dialogar con los demás, porque ya he decidido cómo deben ser las cosas. Y así, me cierro al encuentro y la transformación se hace imposible. Esto puede suceder en cualquier parte del mundo, sobre cualquier tema. Y, obviamente, hace muy difícil ser Iglesia, ser comunidad, ser hermanos y hermanas.

Para León XIV, pues, la sinodalidad no es un plan estratégico ni un plan de reestructuración. Es, ante todo, una experiencia espiritual y eclesial que implica tres dimensiones esenciales: **conversión, camino y horizonte**.

Conversión, porque requiere un cambio de actitud: dejar de lado los prejuicios, abrirse a la diferencia y dejarse interpelar por la voz del otro.

Camino, porque no es una decisión puntual ni una estrategia a corto plazo; vivir sinodalmente requiere tiempo, intencionalidad, paciencia y discernimiento comunitario.

Horizonte, porque no basta con reorganizar estructuras o redactar documentos; se trata de soñar y construir una Iglesia más evangélica, más abierta, más fraterna.

Con su estilo sereno, reflexivo y profundamente pastoral, Robert Francis Prevost ha demostrado que la sinodalidad no es una teoría, sino una forma concreta de vivir el Evangelio hoy. Lo vivió así en Perú, acompañando la pastoral de base. Lo vivió en Roma, acompañando el discernimiento de los obispos en un espíritu de comunión. Y ahora, como León XIV, sigue promoviendo ese mismo espíritu desde el corazón de la Iglesia universal.

«Queremos ser una Iglesia sinodal», dijo. «Una Iglesia que camina junta, que siempre busca la paz, que siempre busca la caridad, que siempre se esfuerza por permanecer cerca, especialmente de los que sufren». No se trata de una declaración retórica. Es un compromiso profundo, evangélico y urgente. Es una vocación. Y el camino sinodal es uno que todos debemos emprender, una promesa de renovación real, posible y necesaria.

Capítulo 8

Una Iglesia unida

*«Todos los días se dedicaban a reunirse
en el templo y a partir el pan en sus casas.
Comían con alegría y sencillez de corazón».*
Hechos 2, 46

*«Caminar juntos con vosotros
como Iglesia, unidos».*

Un hermano entre hermanos

«Caminar con vosotros como Iglesia, unidos» es la declaración clara de un papa que se presenta como un hermano entre hermanos y como pastor en medio de su pueblo. Reafirma desde el principio su compromiso con la unidad, con la comunión y con una Iglesia que camina unida en la diversidad. En tiempos marcados por la fragmentación, la retórica excluyente y la tentación de encerrarse en el aislamiento identitario, esta afirmación es tanto una propuesta espiritual como un programa pastoral.

Para Robert Francis Prevost, esta convicción no comenzó con el inicio de su pontificado, sino que ha sido una constante en su vida. En su ordenación episcopal, eligió como lema unas palabras de san Agustín que revelan el corazón de su espiritualidad: *In illo uno unum* («En el Uno, somos uno»). Esta expresión, tomada del comentario de san Agustín al salmo 127 en *Enarrationes in Psalmos* (Exposiciones sobre los salmos), destila una idea esencial del obispo de Hipona: «Aunque somos muchos, en el Uno somos uno» (*Nos multi in illo uno unum*).

Al elegir este lema, el obispo Prevost quiso expresar que el ministerio episcopal está radicalmente al servicio de la comunión. El obispo no es un supervisor ni un solista, sino un artífice de la unidad. La Iglesia no se construye sobre intereses o agendas personales, sino sobre la pertenencia compartida a Cristo, en quien todos, a pesar de nuestras diferencias, somos uno.

En una entrevista con Vatican Media en julio de 2023, el entonces cardenal Prevost explicó claramente esta convicción: «Como refleja mi lema episcopal, la unidad y la comunión forman parte del carisma de la Orden de

San Agustín y también de mi forma de actuar y pensar. Creo que es esencial promover la comunión en la Iglesia, y sabemos bien que comunión, participación y misión son las tres palabras clave del sínodo. Por lo tanto, como agustino, promover la unidad y la comunión es fundamental. San Agustín habla con frecuencia de la unidad en la Iglesia y de la necesidad de vivirla».

Esa unidad no significa uniformidad. Leo XIV lo sabe bien. Su propia vida, marcada por la comunidad, la experiencia misionera y el liderazgo eclesial, le ha enseñado que la verdadera comunión se construye sobre la escucha mutua, el respeto a las diferencias y la centralidad de Cristo como vínculo de unidad. En él, y solo en él, puede fundarse una Iglesia verdaderamente católica: universal, abierta y acogedora.

Hay que ser «católico» ante todo. A veces, un obispo corre el riesgo de centrarse solo en la dimensión local. Pero un obispo necesita una visión mucho más amplia de la Iglesia... y debe experimentar la universalidad de la Iglesia. También debe tener la capacidad de escuchar a los demás y pedir consejo, así como madurez psicológica y espiritual. Un elemento fundamental del perfil del obispo es ser pastor, capaz de estar cerca de los miembros de la comunidad, empezando por los sacerdotes, para quienes el obispo es padre y hermano. Vivir esta cercanía con todos, sin excluir a nadie.

Por eso, como papa, ha conservado el mismo lema en su escudo: *In illo uno unum*. No lo ha hecho por costumbre o tradición, sino como signo explícito de continuidad. El escudo habla de su identidad; el lema, de su misión. Es una forma de decir que la unidad no es un eslogan para los discursos, sino una tarea cotidiana que requiere humildad, paciencia, discernimiento y oración.

Caminar juntos como Iglesia unida es el corazón mismo del camino sinodal. Es la forma concreta en que la Iglesia es fiel al Evangelio en nuestro tiempo. Es cómo escuchamos al Espíritu, que siempre viene sobre nosotros donde hay apertura, comunión y disponibilidad.

León XIV lo sabe, lo vive y nos lo propone a todos. Nos invita a todos —obispos, sacerdotes, consagrados y laicos— a no resignarnos a una Iglesia dividida o polarizada, sino a comprometernos activamente en la construcción de una comunión real, que sea testimonio vivo del amor de Cristo que nos reúne y nos envía.

Vivir en comunión

Como hemos dicho anteriormente, y como ha subrayado León XIV una y otra vez, la unidad no es uniformidad. La unidad no significa pensar lo mismo, sentir lo mismo o actuar de la misma manera. Significa vivir en comunión, en escucha recíproca, en caridad mutua. Y eso requiere raíces profundas.

Por eso este papa agustiniano ha insistido tantas veces en la Eucaristía como «fuente y culmen de la vida cristiana». Porque en la Eucaristía aprendemos a vivir en familia, no por esfuerzo humano, sino por el don recibido. En la Eucaristía no celebramos simplemente un misterio, sino que aprendemos un modo de vida.

En una de sus homilías como obispo de Chiclayo,

dijo: «La comunión no se impone. Se construye. Se vive. Y brota de... Cristo, entregado, partido, resucitado. Sin la Eucaristía no hay Iglesia. Y sin comunidad no hay evangelio vivo».

Esta visión eclesial no ha cambiado con el paso de los años ni con las responsabilidades que ha recibido; al contrario, se ha profundizado.

Como prefecto del Dicasterio para los Obispos, insistió repetidamente en que la Iglesia necesita pastores que fomenten la unidad, que rechacen el clericalismo y que sepan valorar cada carisma en el pueblo de Dios. La unidad no se construye desde el poder, sino desde la humildad, el servicio y la escucha. Sabemos que, en plena sintonía con el papa Francisco, el papa León XIV defiende una Iglesia sinodal, en la que todos caminamos juntos, nadie se queda atrás y todos son escuchados.

Y para que eso sea posible, la unidad debe ser una experiencia viva encarnada en las parroquias, en las diócesis, en las comunidades religiosas, en cada gesto cotidiano de comunión.

El mismo san Agustín lo expresó claramente: «Sed uno, sed uno en Cristo. No en vosotros mismos, sino en él. No por vuestra propia fuerza, sino por su gracia. Porque si estamos divididos, no somos su cuerpo».

Así entendía el obispo Prevost su misión como obispo. Así entiende el papa León XIV su misión como papa. Caminar juntos, sanar las heridas de la división, tender puentes e invitar a todos a la mesa del Señor, sin exclusión ni condena. Porque la Iglesia solo será fiel al evangelio si es una casa para todos, un signo visible de la unidad que Dios quiere dar al mundo.

Hoy, más que nunca, la humanidad necesita testigos de esta comunión. Y la Iglesia debe recordar que su fuerza no reside en el número, ni en las estructuras organizativas, ni en el prestigio social. Su fuerza reside en la unidad vivida como don, como tarea, como vocación. Porque Jesús reza en el Evangelio de Juan «para que todos sean uno, como tú, Padre, estás en mí y yo en ti» (Jn 17, 21). Esta es la oración de Cristo. Y esta es, en el fondo, también la oración del papa León XIV: que seamos uno. En Cristo. Con Cristo. Por el mundo.

Capítulo 9

Una Iglesia que tiende puentes

*«En él estaba la vida, y la vida
era la luz de los hombres».*

Juan 1, 4

*«Tender puentes a través del diálogo
y el encuentro».*

Entre lo humano y lo divino

«El mundo necesita la luz [de Cristo]. La humanidad lo necesita como puente que nos conduzca a Dios y a su amor. Ayúdanos a todos a construir puentes a través del diálogo y el encuentro, uniéndonos como un solo pueblo, siempre en paz».

Estas palabras, pronunciadas por León XIV en su primer mensaje público, antes de la bendición *Urbi et Orbi*, resumen una de las ideas más profundas de su visión pastoral: la Iglesia no existe para construir muros ni reforzar trincheras, sino para construir puentes. Puentes entre personas, culturas, generaciones y naciones. Puentes entre heridas y esperanzas, entre el pecado y la gracia, entre lo humano y lo divino. La Iglesia está llamada a ser un puente vivo, no un puesto de control; un lugar de encuentro, no de exclusión.

La convicción del papa León XIV no nació en el balcón de San Pedro, sino que se ha cultivado a lo largo de la vida pastoral de Robert Francis Prevost. Él siempre ha insistido en que solo el diálogo, la escucha sincera y el encuentro auténtico pueden conducir a una reconciliación verdadera. No se trata de imponer la uniformidad ni de negociar la verdad, sino de abrir caminos donde hay desconfianza o distancia.

En uno de sus escritos pastorales como obispo de Chiclayo, afirmaba claramente que, como hombres y mujeres de fe, no podemos vivir aislados. Nadie vive su fe solo, nadie se salva solo. La fe es siempre eclesial. La fe nos atrae hacia los demás. La fe nos hace hermanos y hermanas. Todo mensaje de fe es, por tanto, un mensaje de unidad; no podemos vivir la fe sin caridad, sin solidaridad, sin comunidad.

Estas palabras no son teoría ni retórica, sino que provienen de un encuentro vivido. León XIV sabe, porque lo ha experimentado en primera persona, que una Iglesia que se cierra sobre sí misma se desvanece. Y una Iglesia que sale, se arriesga y dialoga es una Iglesia viva y misionera.

Reconocerse como hermanos y hermanas

El papa Francisco ha subrayado desde el comienzo de su pontificado, y el papa León XIV retoma con la misma pasión evangélica, que el mundo no necesita doctrinas frías ni posturas defensivas, sino testigos que vivan la alegría del Evangelio con los demás, no contra ellos. Es esencial que nos redescubramos, nos reconozcamos como hermanos y hermanas, y construyamos a partir de nuestra dignidad compartida. León XIV se ha inspirado en esa misma fuente para promover una Iglesia que no teme el diálogo, ni siquiera con quienes piensan o viven de manera diferente.

Este reconocimiento mutuo es una convicción profundamente cristiana. Somos hijos del mismo Padre y, por lo tanto, hermanos y hermanas. A partir de esta certeza, León XIV promueve una Iglesia que no construye barreras ni pone etiquetas, sino que sale al encuentro de las personas con los brazos abiertos, convencida de que el otro, sea quien sea, nunca es un enemigo, sino un hermano o una hermana por descubrir, una historia por escuchar, un rostro por acoger.

El evangelio no se impone, se ofrece con ternura, se testimonia con integridad y se comparte con respeto. Por eso, es necesario mirar a los demás no con recelo o juicio, sino con compasión. León XIV ha sido claro: el cristiano está llamado a servir y cuidar el mundo con humildad, especialmente allí donde la dignidad humana está herida o negada.

Reconocerse hermanos y hermanas significa también superar las divisiones internas, tanto dentro como fuera de la Iglesia. No se puede anunciar al Dios del amor albergando actitudes excluyentes, resentimientos o desprecios hacia quienes son diferentes. La comunidad no es opcional, es el sello distintivo del reino que Jesús vino a anunciar, es el corazón mismo del mensaje cristiano.

«Nuestra prioridad debe ser vivir la Buena Nueva, vivir el Evangelio, compartir el entusiasmo que puede nacer en nuestros corazones y en nuestras vidas cuando descubrimos verdaderamente quién es Jesucristo», subrayó León XIV hace unos años. Él comparte su convicción de que la verdad del Evangelio se hace visible cuando se encarna en una comunidad que vive el nuevo mandamiento del amor: [Jesús dijo:] «Os doy un mandamiento nuevo: que os améis unos a otros. Como yo os he amado, así también debéis amaros vosotros los unos a los otros. En esto conocerán todos que sois mis discípulos, si tenéis amor los unos por los otros» (Juan 13, 34-35).

En un mundo herido por la desconfianza, la discriminación y la exclusión, el papa León XIV nos invita a caminar juntos, a romper el aislamiento y a tender puentes. Porque donde dos o más se reconocen en comunión, comienza a brillar el rostro del reino.

Este reconocimiento mutuo de nuestros hermanos y hermanas en Cristo es un imperativo evangélico. León XIV entiende que la fraternidad no surge de la simpatía ni de las similitudes culturales o ideológicas, sino de la verdad radical de que todos somos hijos del mismo Dios. Por lo tanto, cada encuentro humano es una oportunidad para descubrir —o redescubrir— esa unidad original tan a menudo olvidada, negada o herida.

Reconocerse como hermanos y hermanas significa ver al otro no como una amenaza o un rival, sino como un don. Requiere aprender a vivir con las diferencias, sin permitir que se conviertan en barreras. Exige sanar las heridas del pasado, superar los viejos prejuicios y desmantelar los sesgos. Y esto comienza en el corazón: solo quien sabe que es amado puede acoger al otro como hermano o hermana.

Construir puentes significa construir intencionadamente comunidad, invertir en el bien común y vivir relaciones reconciliadas. Significa involucrarse en las historias de los demás, asumir su dolor, alegrarse de sus victorias y caminar a su lado. Es una forma de resistir el egocentrismo y la exclusión y de hacer visible el reino donde antes parecía imposible.

Sanar, compartir, crecer, iluminarse

«La alegría que Jesucristo trae al mundo —la alegría verdadera, no solo un sentimiento fugaz o superficial— es una respuesta de fe y fraternidad; es la llamada de Dios a sanar las heridas de los que sufren, a compartir nuestra pobreza con los que tienen menos, a crecer en la sabiduría de la palabra de Dios y a dejarnos iluminar por el Señor, por Jesús, el Verbo hecho carne, que habitó entre nosotros (cf. Jn 1, 14)», dijo una vez Robert Francis Prevost.

Sanar, compartir, crecer, dejarse iluminar: cuatro

verbos que esbozan el perfil de una Iglesia que no se define por límites o barreras, sino por su capacidad de dar. Una Iglesia que responde con compasión, no con dureza. Una Iglesia que se sienta a la mesa con todos, como hizo su Señor. Una Iglesia que habla con su vida.

Tender puentes no es fácil. Requiere renunciar al orgullo de querer tener siempre la razón. Exige paciencia, humildad, escucha y disponibilidad. Requiere tiempo y confianza. Pero también es lo más evangélico que podemos hacer. Todo en Jesús era y es un puente: su encarnación, su cruz, su perdón, su cuerpo entregado por nosotros. Todo en él es renovación.

Por eso, una Iglesia fiel al Evangelio no puede ser otra cosa que una Iglesia de encuentros, de palabras que sanan, de gestos que unen; una Iglesia que no tiene miedo de tocar las heridas del mundo; una Iglesia que no vive para sí misma, sino para los demás; y una Iglesia que sabe que en cada rostro hay una nueva posibilidad de encontrar a Dios.

Así vive el papa León XIV, y nos invita a vivir así también. Porque hoy, más que nunca, el mundo necesita puentes. Y si la Iglesia quiere seguir siendo sal y luz, debe estar al frente de esa construcción paciente pero imparable.

Para León XIV, la Iglesia no es un mosaico de fragmentos, sino un cuerpo vivo que aprende a integrar la diversidad sin miedo, sin ansiedad, sin uniformidad forzada. Los puentes que propone no son atajos ni compromisos fáciles, sino caminos sólidos donde se abrazan la verdad y la misericordia. Dondequiera que haya heridas abiertas, divisiones antiguas o casos de exclusión, León XIV ve una oportunidad para construir puentes de confianza, empatía y esperanza.

Un ejemplo de ello lo encontramos en su primer *Regina Caeli*:

Llevo en mi corazón los sufrimientos del querido pueblo ucraniano. Que se haga todo lo posible para alcanzar cuanto antes una paz auténtica, justa y duradera. Que todos los prisioneros sean liberados y los niños regresen a sus familias. Me entristece profundamente lo que está sucediendo en la Franja de Gaza; ¡que haya un alto el fuego inmediato! Que se preste ayuda humanitaria a la población civil afectada y que todos los rehenes sean liberados... He acogido con satisfacción el anuncio del alto el fuego entre la India y Pakistán, y espero que, gracias a las próximas negociaciones, se pueda alcanzar pronto un acuerdo duradero.

La Iglesia llamada a ser hogar

Una clave para la vocación de tender puentes es el redescubrimiento de la hospitalidad como rasgo esencial de la identidad de la Iglesia. La Iglesia está llamada a ser un hogar, no una fortaleza; una puerta abierta, no una torre de vigilancia. En un momento en que las diferencias culturales, sociales e incluso religiosas parecen levantar muros insuperables, el papa León XIV nos invita a cultivar una espiritualidad de la acogida, capaz de ver en cada persona una llamada al encuentro. No se trata de abandonar la identidad cristiana, sino de hacerla fructífera a través del diálogo y la compasión.

En este mismo espíritu, León XIV ha destacado la importancia de las comunidades locales como lugares donde se prueban y se viven esos puentes. Ya sea en parroquias, escuelas, iniciativas comunitarias o puestos misioneros, la Iglesia puede convertirse en una verdadera facilitadora de la reconciliación. Es allí, en las pequeñas cosas, donde se tejen los lazos de sanación y donde la fraternidad adquiere un rostro. Cada gesto, por sencillo o sutil que sea, es recogido por Dios y transformado en bien para el mundo. En el Evangelio, los grandes cambios nacen de las pequeñas cosas: un grano de trigo, un grano de mostaza, un vaso de agua, un gesto de compasión. Así es como obra Dios: en lo humilde, en lo cotidiano, en lo invisible. Y este es el aspecto del reino que el papa León XIV quiere poner en el centro: no el espectáculo, sino la fidelidad; no las palabras altisonantes, sino el amor en acción.

Tender puentes también requiere una profunda vida interior. No se puede dialogar verdaderamente sin oración. No se puede escuchar verdaderamente sin silencio. No se puede sanar sin haber sido sanado primero. Por eso León XIV abraza la espiritualidad de tender puentes, que es una vida interior abierta, humilde y paciente; una disposición a aprender de los demás; y la capacidad de llevar la fragilidad de los demás sin juzgar. Es una espiritualidad que no se detiene en el conflicto, sino que atraviesa el conflicto en busca de la comunión.

Leo XIV cree que la Iglesia no puede esperar a que el mundo cambie para actuar; la Iglesia debe convertirse ella misma en el cambio que proclama. Cada puente construido es una manifestación contra el aislamiento y la indiferencia. Y cada comunidad que decide abrirse a los demás, incluso cuando es difícil, incluso cuando duele, se convierte en un signo del reino que ya está entre nosotros.

Capítulo 10

María camina con nosotros

*«Y María guardaba todas estas cosas,
reflexionando sobre ellas en su corazón».*
Lucas 2, 19

*"«Nuestra Madre María
siempre quiere caminar a nuestro lado».*

Confianza filial

Desde el principio, León XIV expresó su confianza filial en la Virgen María. Se trata de una afirmación teológica, pastoral y profundamente personal, arraigada en su vida espiritual y en su experiencia como misionero, formador y pastor.

La espiritualidad agustiniana, que configuró la vocación de León desde su juventud, presenta a María no como una figura pasiva o distante, sino como creyente, discípula fiel y madre de la Iglesia. En ella vemos un modelo de atención a la Palabra, de obediencia libre y de contemplación activa. María no observa la historia desde fuera, sino que la habita con valentía.

Durante su misión en Perú, el obispo Prevost vivió esta confianza mariana entre el pueblo. En homilías, celebraciones y encuentros pastorales, invocaba a menudo a María como «madre cercana», «compañera de camino» y «presencia maternal entre un pueblo sufriente». Muchas comunidades heridas por la pobreza confían en la Virgen como fuente de consuelo y esperanza. Y él, como pastor, compartía y alimentaba esa certeza.

Como obispo de Chiclayo, solía decir que cuando el camino se hace difícil, cuando no sabemos adónde ir, cuando la fe se siente frágil, María nos toma de la mano. Ella no camina delante de nosotros, sino a nuestro lado, como madre, hermana y compañera.

La confianza de León XIV en María es una forma concreta de vivir la fe, es un abandono confiado en las manos de la Madre. Es una relación centrada en el corazón que le ha acompañado en los momentos decisivos de su vida y sigue haciéndolo ahora, en su papel de sucesor de

Pedro. En María siempre ha encontrado consuelo, inspiración y fuerza. Especialmente en contextos marcados por el dolor, la incertidumbre o la violencia, comprende que la devoción mariana no es una huida, sino un refugio fecundo que sostiene la esperanza del pueblo.

Para León XIV, María es una mujer real, profundamente humana y profundamente fiel, maestra de vida evangélica. Ella nos enseña a escuchar con el corazón, a buscar la voluntad de Dios en lo cotidiano y a decir «sí», incluso en medio de la confusión. Por eso, su relación con María no se limita a oraciones ocasionales, sino que es una verdadera devoción.

Desde sus primeros momentos como papa, el aspecto mariano de la vida de León XIV ha sido evidente. Uno de sus primeros actos públicos fue una oración en silencio ante una imagen de la Virgen. Un gesto sencillo, sin fanfarria, pero con un profundo significado: comenzar su pontificado bajo la protección de la Madre. Además, en una época de ruido, eligió comenzar con el silencio, recordándonos que toda misión en la Iglesia comienza con la contemplación.

María inspira el discipulado

La cercanía con la Santísima Madre no está separada de la misión. Al contrario, María inspira el discipulado. Ella fue la primera discípula, la primera en acudir apresuradamente a servir —como nos dice la Escritura en su relato de la visitación—, la primera en creer que Dios podía cambiar la historia a través de los humildes. Por eso, para León XIV, María no es solo refugio, sino motivación; no solo consuelo, sino impulso.

En los documentos del sínodo diocesano que el obispo Prevost dirigió en Chiclayo, presentó a María como modelo de sinodalidad: una mujer que escucha, que dialoga, que se coloca al pie de la cruz, que acompaña el nacimiento de la Iglesia. Como dijo León XIV en su primer *Regina Caeli*: «Que la Virgen María, cuya vida entera fue respuesta a la llamada del Señor, nos acompañe siempre en el seguimiento de Jesús».

Esta comprensión de María conecta profundamente con la espiritualidad del pueblo latinoamericano, en el que la Virgen es madre, hogar, consuelo. El obispo Prevost aprendió esto en Trujillo, en las procesiones de Nuestra Señora de la Paz, Nuestra Señora del Carmen y Nuestra Señora de Guadalupe. Y ahora lleva esa experiencia al corazón de la Iglesia universal.

María no impone, transforma. Y enseña a la Iglesia a hacer lo mismo: ser madre, discípula y hogar.

María y la sinodalidad

En esta perspectiva, León XIV propone una sinodalidad con rostro mariano. María nos enseña a caminar juntos en la diversidad, a construir la comunión a través de la escucha mutua y a sostener a los demás cuando vacilan. Su pedagogía, sencilla y fuerte, se convierte en modelo para toda la Iglesia.

En un mundo herido por la inmediatez, el egocentrismo y la división, María enseña el arte de la paciencia, del cuidado y de la conexión. Ella mantiene la presencia de Dios entre el pueblo, y su propia presencia inspira a la Iglesia a abrirse, acoger y acompañar.

El papa León XIV no limita la devoción mariana al ámbito personal. La eleva a dinamismo eclesial. María es consuelo, sí, pero también es profecía. Es madre, pero también es discípula y testigo. León XIV la ve como un modelo profundamente eclesial y pastoral de la Iglesia: selectiva en las palabras, rica en gestos, tranquila pero firme, disponible para escuchar y con la fuerza para sostener.

El Papa se encomienda a María

León XIV ha encomendado su pontificado a la Virgen María como un acto de confianza. Sabe que la Iglesia, sin la ternura de María, corre el riesgo de endurecerse. Que sin su fuerza tranquila, podría perder el camino. Y que sin su intercesión, podría olvidar el corazón del Evangelio.

Por eso nos invita a caminar con ella. Porque donde camina una madre, el camino nunca es solitario. Y en su presencia, fiel y constante, la Iglesia encuentra consuelo, orientación y esperanza renovada.

Conclusión

Un pontificado con raíces y futuro

El pontificado del papa León XIV, Robert Francis Prevost, se presenta como una fiel continuación y una valiente profundización del legado de sus predecesores, especialmente del papa Francisco. Su elección del nombre «León» no es casual: evoca directamente a León XIII, el gran artífice de la *Rerum Novarum*, y señala claramente un compromiso con la justicia social y el compromiso con el mundo contemporáneo a través de la lente del Evangelio. En sus propias palabras, se trata de «proclamar el evangelio con los ojos fijos en Cristo y los pies firmemente plantados en el suelo de la historia».

Desde el comienzo de su ministerio petrino, León XIV ha demostrado que no pretende ser un papa de grandes gestos, sino de profundidad evangélica. En su primera homilía, pronunciada el 9 de mayo de 2025 en la Capilla Sixtina, declaró con convicción que Jesucristo es «el único Salvador que revela el rostro del Padre». Subrayó que la Iglesia está llamada a ser «una ciudad situada en una colina, un arca de salvación que navega por las aguas de la historia y un faro que ilumina las noches oscuras de este mundo». Y no por el esplendor de sus estructuras, sino por la «santidad de sus miembros», hombres y mujeres transformados por el Evangelio.

A lo largo de su trayectoria antes del papado —como fraile agustino, misionero en las regiones del norte del Perú, obispo de Chiclayo y, más tarde, prefecto del Dicasterio para los Obispos— ha cultivado un estilo pastoral marcado por la cercanía, el discernimiento y la misericordia. Su experiencia en América Latina le ha sensibilizado profundamente hacia las periferias, tanto geográficas como existenciales, y le ha convencido de que es allí, en lo frágil, donde se revela con mayor fuerza el rostro de Cristo.

Con el Evangelio como fundamento, su voz se alza con claridad contra la desigualdad, la violencia, la migración forzada y todas las formas de exclusión. Para Leo XIV, la justicia social no es una preocupación pastoral secundaria, sino un componente fundamental de la misión de la Iglesia. Vale la pena repetir estas poderosas palabras escritas durante su ministerio en Perú: «Nuestra misión es anunciar a Cristo, sí, pero también defender la vida, cuidar a los pobres y proteger a los vulnerables. El Evangelio exige justicia».

Otro eje esencial de su pontificado es la sinodalidad. Leo XIV ha insistido en que la Iglesia no puede estar fragmentada ni polarizada, sino que debe avanzar como un solo cuerpo en el que todos los bautizados, religiosos y laicos, se escuchen unos a otros en un auténtico discernimiento comunitario. Ha afirmado que el obispo debe ser un facilitador de la comunión y un promotor de la unidad, viviendo una espiritualidad de servicio y no de poder. Su lema episcopal y papal, tomado de san Agustín —*In illo uno unum*— expresa claramente esta visión: «En el Uno, somos uno». Porque solo en Cristo es posible una Iglesia verdaderamente reconciliada y misionera.

En su homilía inaugural, pidió a sus hermanos cardenales que le acompañaran en esta exigente misión, que describió como una cruz, pero también como una bendición. Y lo hizo desde una postura de humildad, no como quien exige, sino como quien pide ayuda para servir mejor. Este estilo de liderazgo arraigado en el Evangelio será sin duda uno de los sellos distintivos de su pontificado.

Con María, Madre de la Iglesia, a quien confió su ministerio desde el principio, como compañera de camino, y con la profunda convicción de que el mal no prevalecerá, León XIV invita a todos los bautizados a vivir su fe con autenticidad, alegría y disponibilidad. A vivir una fe compartida, no cerrada; a ser una comunidad de discípulos misioneros, no una institución autorreferencial.

Su primera bendición *Urbi et Orbi*, su primer *Regina Caeli*, su oración silenciosa ante la imagen de María y su insistente mensaje de que el mundo necesita puentes en lugar de muros son solo algunos de los signos claros que marcan su camino: una Iglesia que escucha, que acompaña, que construye fraternidad. Una Iglesia que no teme los retos que plantean la inteligencia artificial, la cultura digital o la globalización, porque sabe que el Evangelio sigue siendo Buena Nueva también en nuestro tiempo.

El primer papa norteamericano y agustiniano tiene muchos retos por delante, pero sus cimientos son sólidos: una formación profunda, una vida misionera entre los pobres, la fidelidad a la oración y una espiritualidad forjada en comunidad. Como hijo de san Agustín, sabe que el alma se forma en el encuentro con Dios y con los demás, y que solo el amor transforma el mundo.

Haciéndose eco de su modelo espiritual, podría decirnos a todos, con palabras que siguen siendo eternas:

> *«Ama y haz lo que quieras. Si callas, calla con amor; si hablas, habla con amor; si corriges, corrige con amor; si perdonas, perdona con amor. Que el amor esté arraigado en ti, y de ese arraigo no pueda brotar más que el bien».*
>
> San Agustín,
> *In Epistolam Ioannis ad Parthos tractatus decem*
> (Diez homilías sobre la epístola de Juan a los partos),
> Tract. 7, 8.

www.ingramcontent.com/pod-product-compliance
Lightning Source LLC
LaVergne TN
LVHW041631070426
835507LV00008B/560